사라지기

3

아잔브람
명상론

아잔 브람 지음 | 김훈 옮김

Book
to the
Bible

아잔 브람 명상론 3 사라지기

1판 1쇄 발행 2015년 4월 20일

지은이   아잔 브람
옮긴이   김 훈
펴낸이   이임광
펴낸곳   북투더바이블
전화   031) 957-8276
팩스   031) 957-0602
등록   2011년 7월 20일 제 313-2011-204호
주소   경기도 파주시 조리읍 능안로 150 오픽스 107호
E_mail   goodbook2011@naver.com

ISBN   979-11-86500-02-6 (04220)
        978-89-97758-99-9 (세트)

우리가 행복이라고 여기는 것들은
언젠간 모두 사라진다.
걱정할 필요가 없다.
그것들은 거짓 행복이다.
그것들이 사라질수록
우리는 참된 행복을 맛본다.

나는 이 책을 쓰지 않았다

당신이
어떤 사람이 되고 싶어 한다면
이 책을 읽지 말라.
이 책은 당신을 노바디(실체가 없는 사람)로,
무아(無我)로 만들어줄 것이기 때문이다.
나는 이 책을 쓰지 않았다.
이 책은 녹음된 내용을 글로 정리한 것인데다
편집 과정에서 심한 농담은 모조리 걷어냈다.

아무튼 나는 심한 농담은 하지 않았다.
주제넘게도 나라고 주장하는
오온(五蘊, 인간을 구성하는 정신과 물질의 다섯 요소)이
그런 짓을 했다.
나는 완벽한 알리바이를 갖고 있다.
내 자아는 범죄현장에 있지 않았다.
이 책은
당신이 깨닫기 위해 할 일들을
말해주는 책이 아니다.
이 책은
알아차림, 열락, 초월의 경지
같은 것에 관한 지침서가 아니다.
그런 것들에 관한 내용도
역시 아잔 브람이라고 사칭하는
그 성가신 오온이 썼다.
가르침을 따르는 짓은
당신의 자아를 더 강화시켜줄 뿐이다.
이 책은 사라짐이 일어나는
방법을 서술하고 있다.
사라지는 것은 외면만이 아니다.

당신이 당신이라고 여기는 모든 내면도
역시 사라진다.
사라지는 것은 아주 즐겁기 때문에
대단한 열락이다.
수행의 참된 목적은
당신이 친구들에게 자랑할 만한
근사한 어떤 것을 얻고자 하는 게 아니라
모든 것을 놓아버리는 것이다.
우리가 무엇인가를 놓아버리면,
참으로 내려놓으면,
그것은 사라진다.
우리는 그것을 잃는다.
제대로 명상하는 데 성공하는 사람들은
잃는 사람들이다.
그들은 집착을 잃어버린다.
깨달은 사람들은 모든 것을 다 잃는다.
그들은 진정 최고의 루저들이다.
당신이 이 책을 읽고 내용을
어느 정도 이해한다면,
최소한 머리털 정도는

모조리 잃어버릴 것이다.
다른 노바디들의 친절한 도움에 감사드린다.
그중에서도 특히 이 이야기들을
글로 옮겨준 론 스토리(Ron Storey),
내용을 편집해준 아잔 브라말리(Ajahn Brahmali),
이 책을 발간해준
위스덤퍼블리케이션즈 출판사의
모든 빈 존재에게.
여러분도 부디 다 잃으셔서
빈 존재가 되시길.

아잔 브람이 아닌 자가

멈춤에서 참된 행복이 시작된다

＊

사물과 현상들이 사라지는 이 길을 따라
더 깊이 들어갈 때
붓다의 가르침이 얼마나 놀라운 것인지
새삼 실감하게 된다.
마음을 포함한 여섯 감각이
불과 같음을 깨달을 때
자연히 어떤 불도, 연료도,
그 어떤 것도 남지 않을 때까지
그것들을 식히고 가라앉히는 것으로
대응하게 된다.

＊

감각들이 사라질수록 더 많은 자유를 느낀다.
그 과정의 일환으로 선정들이 저절로 일어난다.
이 길이 공(空)을 향한 움직임이라는 것을
깨닫는다.
매달릴 만한 가치가 있는 것은

하나도 없다는 것을 깨닫는다.
이런 진실을 이해하는 것만으로도 아름답다.
하지만 그것을 직접 체험하는 것은
훨씬 더 아름답다.
가끔 자신이 더 이상 고요해질 수 없다는
생각이 들기도 한다.
그래도 더 고요해져라.
움직임이 더 적어지고
더 많은 것이 사라질수록
마음은 더욱 고요해진다.
명상의 더 깊은 체험에는
최상급의 표현도 미치지 못한다.
마음이 점점 더 비워지고 고요해질수록
더 많은 열락을 맛보게 된다.
어째서 닙바나(모든 것의 정지)가
궁극적인 행복이요,
열락인지 이해하게 된다.

*
고요함과 통찰의 길은 행복한 길이다.

우리가 밟아볼 수 있는
가장 행복한 길이다.
더 깊이 들어갈수록
오로지 행복감만 더해질 뿐이다.
사람들이 그 길로 들어서고
본격적인 수행이 시작될 때면
눈덩이 효과가 생긴다.
눈덩이는 언덕을 굴러내려가면서
점점 더 커진다.
수행은 점점 더 깊어진다.
오로지 처음 시작하기가 어려울 뿐이다.

*

일단 그 기쁨을 맛보기 시작하면
모든 진리(담마)가
자신의 내면에 다 있다는 것을
체험하기 시작한다.
감각들이 사라지고
마음이 기쁨의 상태에 들어갈 때는
삼장(三藏. 경장, 율장, 논장)이 펼쳐지는 것을 본다.

오온의 정체가 그대로 보인다.

어째서 감각들이 기승을 부리고

그것들이 고통인지 이해하고 그것들에 질색한다.

염오감을 갖게 된다.

염오는 분리로 이어지고

분리는 정지로 이어지면서

존재들은 소멸한다.

우리가 자유로워지는 과정은 바로 이와 같다.

그 길(통찰과 열락과 깊은 명상)은

우리 내면에 고스란히 다 갖추어져 있다.

우리가

"앉아서 입을 닫고 주시하라.

관여하지 말라."는

가르침을 따르기만 하면 된다.

그러면 명상 체험은 점차 모든 것을

자연스럽게 펼쳐 보여줄 것이다.

참된 지혜 식별하기

*

지혜가 무엇인지,
어떻게 그것을 식별하는지를
이해하는 것은 중요하다.
참된 지혜는 우리에게
명상 훈련과 불법의 길 전반에 관해
알려주기 때문에 큰 힘을 지녔다.
우리는 계율, 사마디, 지혜(이 셋을 일러 흔히 계정혜戒定慧
삼학三學이라고 한다)라는
세 가지 훈련을 서로 다른 두 가지 관점으로
살펴보는 것을 통해
지혜의 기능을 알아볼 수도 있다.

*

우리는 그런 훈련을
순차적인 것으로 볼 수도 있다.
계율을 먼저 닦고 이어서
사마디와 지혜를 차례로 닦아야 한다는 식으로.

다른 한편으로 우리는
그 세 가지를 서로서로 부양해주는
요소들로 볼 수도 있다.
계율 수행은 사마디와 지혜에
힘을 불어넣어주고,
사마디에 이르는 데 성공하는 것은
계율과 지혜에 힘을 불어넣어주고,
지혜가 자라면서 계율과 사마디를
점점 더 힘 있게 떠받쳐준다.
당신이 그 길을 따라 자꾸 더 앞으로 나아갈수록
그 세 요소는 더욱더 서로를 부양해준다.
지혜가 다른 두 요소에 안정감을
더해줄 수 있는 힘을 갖고 있는 것은
바로 그 때문이다.
그러므로 이번 장은 참된 지혜일 경우
그것이 어떻게 해서 계율을 실천하는 일을
더 쉽게 해주고
내면에 더 큰 사마디가 생겨나게 해주는가에
관한 장이다.

지혜의 선물

*

경전에서 내가 좋아하는 가르침 중 하나는
"진리란 무엇입니까?"라는 질문에 대한
붓다의 답이다.
붓다의 답은 간결하면서도 심오했다.
"염오, 사라짐, 정지, 평화, 더 깊은 앎, 깨달음,
닙바나에 이르도록 인도해주는 것은
뭐든 다 진리다."
진리의 목록에는
우빠사마, 곧 평화도 포함되어 있다.
평화는 우리가 아무 동요나 문제도 없이
하루를 보낼 때의 아름다운 평온함을 뜻한다.

*

우리가 무슨 일을 하든, 명상을 하든,
잠을 자든, 밥을 먹든,
여럿이 함께 있든, 혼자 있든
거기에는 아무 문제나 어려움도 없다는 느낌과

고르고 잔잔한 느낌이 존재한다.
우빠사마(upasama)의 사마(sama)는
울퉁불퉁한 데가 없는
고른 길에서의 평탄함을 뜻하는 말이다.
이 말은 지혜의 탁월한 정의다.
지혜는 고르고 평화롭고 균형 잡힌 삶으로
인도해주는 이해라는 뜻.

＊
출가하기 전 나는
대단히 영감어린 가르침을
도도히 펼칠 수 있는 승려들을 찾아가곤 했다.
한데 그들을 차분히 살펴본 결과
나는 그들의 내면이 평온하지 않다는 것을
알 수 있었다.
그들의 지혜는 그 정도 수준이었다.
그들은 나름대로 감동적이고
이치에 맞는 설법을 했지만
붓다가 제시한 기준은
어떤 사람의 지혜는

그것이 그 사람의 삶에 미치는 효과로
판단해야 한다는 것이었다.
그 지혜가 당사자가 일상 삶에서 안고 있는
어려움이나 문제 들을 가라앉혀주는(느긋하고 편안하고
여유롭고 행복하고 평화롭고 자유로운 느낌을 낳는)
효과를 발휘하지 못한다면
그것은 참된 것일 수 없다.

*
경전들에서는
"수척하고 비쩍 마르고
안색이 좋지 않고
정맥들이 불끈 튀어나온"
승려와 수행자는
병든 사람이거나
올바로 수행하는 이가 아닌 반면,
지혜를 갖추고 있고
제대로 수행하는 승려들은
"환하게 웃고 아주 명랑하고 쾌활하며
여러 가지 재능이 빛을 발하는 사람들이자

느긋하게 지내는 사람들"
이라고 한 대목도 찾아볼 수 있다.
붓다의 관점에서 볼 때 지혜는
응당 전반적으로 편안한 느낌을
낳아주는 것이어야 한다.

*

지혜는 또 계행(戒行)으로도 이어진다.
내가 태국에 온 지 얼마 되지 않았을
무렵 서구인들 사이에서는
불교를 기독교에 대한 유력한 대안으로
여기는 이들이 꽤 많았다.
그 가운데 아주 과격한 사람들이
우리 절에 들어왔다.
그들은 절의 계율과 규칙이
사람들을 억압하는 기능만 하며
지혜와는 무관한 것이라고 주장하면서
그런 계율의 상당수에 부정적인 반응을 보였다.
하지만 오랜 기간 수행을 하고 나면,
특히 명상과 통찰이 깊어지고 나면

그런 계율과 규칙이 공동체 안에서 실현되는
대단히 평화로운, 더불어 삶의 한 표현에
지나지 않음을 알게 된다.

*

우리는 사람들이 입으로 말하는
내용에 의해서가 아니라
평온하게 지내는 능력에 의해
그들의 지혜가 어느 정도인지 알아볼 수 있다.
불교의 모든 길은
마음의 고요함, 몸과의 조화로움,
이 세상 안에서의 자유로움으로 이어진다.
지혜로운 사람의 상태는 이러하다.
당신이 참된 지혜를 갖고 있다면
평온하고 행복할 것이다.
삶에 따라오는 모든 문제를
이미 해결했을 것이다.

불은 저절로 꺼진다

＊

우리는 명상과 고요함을 통해
인과관계를 통찰할 수 있는
깊이 있는 자료를 얻는다.
붓다가 가르친 내용의 상당수는
원인과 결과를 이해하는 것과 인과가
어디에서 나오고 왜 일어나는가에 관한 것이다.
우리는 붓다의 제자들답게
문제가 존재할 때 그것을 조사해본다.

＊

우리는 이성과 경험을 통해
문제가 어디에서 나왔고
어디로 이어지는지 밝혀낸다.
그것이 몸과 마음의 부정적인 상태나
해로운 상태로 이어진다는 것을 알게 될 때면
우리는 그것이 불건전한 것이고
지혜와 무관한 것임을 안다.

우리는 그런 문제가 발생한 과정을 밝히기 위해
다시 그 문제를 더듬어본다.
충분한 알아차림과
평화와 지혜를 갖추고 있을 때
당신은 원인과 결과의 총체적인 흐름을
알게 된다.
당신은 분노와 죄책감과 우울함과 두려움이
어디에서 비롯되었는지,
자기 내면에서 어떻게 자라나는지 알아차린다.
그런 것들을 분명하게 알아차릴 때는
그것들을 일찌감치 포착해낼 수 있다.
당신은 그것들이 불건전하고 미숙한 것들임을
알고 있기에 적절한 조치를 취할 수 있다.

＊
부정적인 심리상태가
당신의 마음을 사로잡는다면
그저 뒤로 물러나
그것이 지나가게 내버려두는 것 말고는
달리 할 수 있는 일이 없다.

중요한 것은 그것을 분명히 알아차리는 것이다.
그래야 다음에 그런 감정이 또 일어날 때
그것이 지닌 힘을 약화시킬 수 있다.
태국에서 내 동료 승려 중 한 사람도
이런 수행법을 썼다.

*

그는 승려생활 초기에
아주 힘겨운 시절을 겪었고
나는 그가 내면의 번뇌들과
꿋꿋이 맞서는 것을 보고 감탄을 금치 못했다.
가끔 그는 너무나 심한 고통을 겪은 나머지
자신이 정신이 나가 절을 떠날 거라고 생각했지만
번번이 그대로 남았다.
처음에 그렇게 심한 고통을 겪었을 때
그는 상황이 더 악화될 거라 예상했지만
놀랍게도, 그리고 다행히도
번뇌는 저절로 사라져 버렸다.
번뇌의 불은
기름을 붓지 않기 때문에 가라앉았다.

그렇게 해서 그는 그런 상태들의
덧없고 무상한 속성을 생생하게 체험했다.
중요한 것은
그가 그런 어두운 상태가 영원히 사라진 게
아니라는 것도 깨달았다는 점이다.
그는 그런 상태가 하나의 과정임을 이해했고
그것이 어떻게 일어났고
어떤 것이 그런 상태를 지속시키는
역할을 했는지 알았다.
그는 자신이 그런 상태를 끝장내기 위해
어떤 것도 할 필요가 없음을 알았다.
그는 불에 기름 붓는 짓을 하지 말고
불이 저절로 꺼지게 내버려두면
된다는 것을 알았다.

*

그는 이런 통찰을 얻었기에
다음에 다시 어두운 마음 상태가 찾아왔을 때
그것을 훨씬 더 수월하게 다룰 수 있었다.
전의 체험을 떠올리고는 이것도 때가 되면

저절로 사라질 것임을 알았다.
그것을 두려워하지 않았고 당황하지도 않았으며
그것을 더 부추기는 짓도 삼갔다.
그 결과 그런 상태를 참아내기가
더 수월하다는 것을 알았다.
통찰력이 커졌기 때문에
그 문제의 강도는 약해졌고
전만큼 오래 지속되지도 않았다.
마침내 그 상태가 지나가버렸을 때
그의 지혜는 더 강해졌다.
그 후 그런 문제가 일어날 때마다
그것이 지속되는 시간은 자꾸 더 짧아졌고
견디기도 더 수월해졌으며
결국은 완전히 자취를 감추고 말았다.

＊

그것은 수행에서
지혜가 어떤 역할을 하는가를
보여주는 아름다운 예다.
그것은 비교적 단순한 지혜이기는 하나

어쨌든 지혜는 지혜다.
우리가 자신이 안고 있는 문제들의
힘을 약화시키거나 극복할 때마다
그 저변에는 지혜가 작용하고 있다.

뱀한테 물리지 않는 법

*

우리는 부정적인 마음 상태에 대한 앎을 활용해
우리의 알아차림에 힘을 불어넣어주어야 한다.
우리가 주의 깊게 깨어 있어
부정적인 심리상태와
육체적 상태가 커지는 것을 알아차릴 때
우리는 그 이해 덕에
그런 상태가 지나치게 견고해지기 전에
치유해주는 행동에 나설 수 있다.

*

내가 태국에서의 승려생활 초기에 만난

또 다른 승려는 베트남전쟁에 참전한 사람이었다.
그는 머리 뒷부분에 총상을 입어
뇌의 일부를 잃는 바람에 간질환자가 되었다.
그 후 승려가 된 그는 알아차림을 활용해
간질 발작의 조짐을 점점 더 빨리 포착해냈다.
그가 그 조짐을 더 빨리 알아낼수록
그것이 발작으로 이어지지 않게 해줄
방도를 취할 기회도 많아졌다.
휴식을 취한다거나
제 방으로 들어가는 것을 비롯해
그가 생각해낼 수 있는
온갖 방도를 취할 기회가 생겼다.

＊

시간이 지날수록
그가 발작을 일으키는 횟수는
점점 줄어들었으며 결국
그런 조짐을 아주 빨리 포착해내
발작을 완전히 멈추게 하는
정도에까지 이르렀다.

그는 알아차림을 활용해
그런 문제를 해결해줄 지혜를 불러일으켰다.
내가 말하려는 내용의 핵심이 바로 그것이다.
우리는 자신의 알아차림과 지혜를 함께 활용해
문제가 발생하기 전에 그것을 피할 수 있다.

*

내가 태국에서 처음 승려생활을 한
빠 퐁이라는 절에는 뱀이 아주 많았다.
당시 우리는 샌들을 신고 다녔는데
금방 닳는 바람에 맨발로 지낼 때가 많았다.
못 쓰는 무명천 조각이나 노끈 같은 것으로
잘 엮어 신어도 얼마 가지 않아 떨어졌다.
우리는 플래시를 전지가 다 닳아
희미한 불빛조차 일으키지 못할 때까지 썼다.
샌들과 플래시가 없을 때는 별빛에만 의지해
맨발로 뱀들이 우글거리는 길을 걸어 다녀야 했다.

*

나는 그런 길에 뱀이 나올 수 있음을

잘 알고 있었기에
뱀을 피해야 할 위험으로 간주하고
그것을 경계하기 위해 알아차림을 잘 가동했다.
그 덕에 나는 한 번도 뱀한테 물리지 않았다.
나는 뱀을 보면 얼른 멀리 돌아갈 수 있도록
알아차림과 기본적인 지혜를 잘 활용했다.
당신도 부정적인 마음 상태에 물리는 것을
피하기 위해 똑같은 방식을 쓸 수 있다.
알아차림을 통해
그런 위험에 주의를 게을리하지 않는 방식을.
부정적인 마음 상태는 우리를 평화가 아니라
더 심한 동요로 이끈다.
그런 상태는 행복을 무너뜨리고
고통으로 이끄는 나쁜 습관이다.
그것이 뱀과 마찬가지로
당신을 물면 당신은 곤경에 처하게 된다.

*

그러므로 알아차림을 통해
그런 상태가 일어나자마자

신속히 인지하고 다른 길을 밟으라.
그것을 피할 전략을 구사하라는 뜻이다.
그런 식으로 문제를 해소하라.
당신의 지혜는
더 평온한 행복과 건강한 삶을 조성해주며
세상을 더 쉽게 헤쳐 나가게 해준다.

*

부정적인 마음 상태를 극복할 때는
행복하고 건강한 삶이라는 보상이
저절로 따라오지만
그 외에도 훨씬 더 깊은 이익이 따라온다.
부정적인 마음 상태는 고통이므로
사람들은 흔히 그보다 더 심한 부정적인
생각이나 감정으로 대응하는 경향이 있다.
그 결과 분노와 우울증, 죄책감
같은 데로 빠져든다.
애초에 그런 부정적인 마음 상태,
곧 고통을 겪지 않았다면
죄책감에 빠져들 일도 없을 것이다.

*

당신이 알아차림과 지혜를 통해
그런 고통을 줄이거나 해소할 때는
굳이 망상이나 몽상으로 도피할 필요가 없다.
붓다의 가르침을 따르고
순수한 마음을 유지하기도 쉬워진다.

*

그렇게 될 때 당신의 삶은 더 즐거워지고
고요함에 들고 지혜의 힘을 키우는 일도
수월해진다.
계속 나아감에 따라
당신은 점점 더 강력해지는
자립의 사이클에 들어선다.
그 모든 것은
당신이 지혜를 활용하는 데서 온다.

헐뜯기의 함정

*

부정적인 생각이나 감정을 경계하라.
그런 것은 헐뜯는 마음에 먹을거리를 제공해준다.
헐뜯음은 뱀처럼 고개를 치켜들고 일어나
당신을 물어뜯는 태도다.
그런 태도는 당신의 마음에 해독을 끼친다.
헐뜯는 태도가 굳게 자리 잡고 나면
이 세상에서 흠을 찾아낼 만한 것이
수도 없이 나타난다.

*

우리는 경전에서
사람들이 붓다에게서조차도
잘못을 찾아낸 사례들을 볼 수 있다.
당신은 가장 완벽한 절,
더없이 헌신적으로 일하는 스승들,
세상에서 가장 좋은 음식,
가장 쾌적한 집에서도

여전히 흠을 찾아낼 수 있다.
나는 풋내기 승려였을 때 가끔
아잔 차에게서도 흠을 찾아내곤 했다.
훗날 그런 내가 참으로 어리석게 여겨졌다.
내가 만난 사람 중에서
가장 지혜롭고 사심 없던 그분에게서
흠을 찾을 수 있었다면
문제는 아잔 차에게 있는 게 아니라
내게 있었음이 분명하다.

＊

헐뜯는 태도를 갖게 되면
결국 그 업보가 자신에게 돌아가고 만다.
안거 중에 사람들은 종종
자신의 수행에 흠을 잡는다.
"나는 아직 아무것도 이루지 못했어.
나는 며칠 동안 졸기만 했어."
헐뜯는 것은 죄책감으로 이어지므로 조심하라.
죄책감은 자책으로 이어지며 그런 상태일 때
당신의 수행은 기껏해야

답보 상태에 머무는 선에서 그치고 만다.

*

하지만 우리가 붓다의 가르침을 따를 때는
AFL 코드를 사용한다.
인정하기(Acknowledge),
용서하기(Forgive),
배우기(Learn)다.
실수를 저지를 때는 자신을 나무라는 대신
그저 실수했다는 것을 인정한다.
"좋아. 나는 오늘 아침 늦잠을 자느라 지각했어."
다음에 우리는 진심으로 자신을 용서한다.
자신을 벌하는 것은 쓸데없는 짓이다.

*

참된 지혜는 벌하고 꾸짖어봤자
더 뒤틀린 마음 상태를 일으켜
문제를 악화시키기만 한다는 것을 잘 알고 있다.
용서할 때 우리는 놓아버리며
그렇게 하는 것은 평화로 이어진다.

놓아버리기는 우리를 평화와 자유로
인도해주는 것이기에 지혜로운 것이다.
헐뜯기가 자신을 잘못된 방향으로
인도하고 있다는 것을 깨달을 때는
장차 그런 함정에 빠지는 것을
철저히 피하는 법을 체득하라.
최근에 나는 과거의 삶에서
지금 당면한 문제점의 뿌리를
찾아낸다는 개념을 중심으로 발전한
다양한 정신치료법들에 관한 책을 읽었다.
그런 접근법이 안고 있는 문제점은
그런 치료가 종종
끝없이 계속되어야 한다는 점이다.
그저 과거를 가만 내버려두는 편이
훨씬 더 생산적이다.

＊

그보다 더 좋은 방법은
과거의 즐거웠던 일들을 떠올리는 것이다.
우리는 자신의 고통보다는

과거의 성공과 행복하고
관련된 즐거운 기억들을 통해
훨씬 더 많은 것을 배운다.
과거의 성공을 떠올릴 때
그것은 당신을 격려해주고
헐뜯기를 그치게 하고
성공의 원인들을 밝게 비추어준다.

*

그러니 나태하고 산만하게 한 명상들은
가만 내버려두고
좋았던 명상들을 떠올리고
그 경험을 통해 배우라.
당신이 딱 한 번 제대로 명상을 해보았고
호흡을 관찰한 시간이 5분에 불과했다 해도
그것을 떠올려보라.
그렇게 하는 것은 당신을 격려해주고
활기를 불어넣어주고
더 큰 평화로 인도해준다.
지혜의 길은 바로 그런 것이다.

*

우리는 헐뜯는 마음을 피해야 할 문제로,
뱀 같은 것으로, 위험한 것으로 여겨야 한다.
서구에서는 헐뜯거나 흠잡는 것을
좋은 것으로 간주하는 경향이 있다.
서구인들은 가끔
권위와 전통과 제도를 무너뜨리기 위해
흠잡는 태도로 책을 쓴다.
몇 년 전에 어떤 사람이
삼사 주 동안 빠나나차뜨라는 절을
방문한 뒤 거기서 체험한 것을 책으로 썼다.
그는 그 절과 아잔 차를 맹공격했다.
그는 자신이 잘못되었다고 생각한 모든 것에
초점을 맞추어 맹비난했다.
그 때문에 그 책은 아주 불공정하고
균형을 잃은 책이 되고 말았다.

*

사람들은 흠잡는 것이
나름대로 즐겁기 때문에 그런 짓을 한다.

하지만 그런 짓에 따르는 위험성이 즐거움보다
훨씬 더 크니 조심하는 것이 좋다.
그것을 알고 있을 때
당신은 헐뜯는 마음이 뱀 같은 것임을
깨닫게 되며
앞으로 그런 것을 피하고자 하는
자세를 갖기 시작할 수 있다.

*

그동안 내가 경험한 바로는
절 생활, 나아가 참된 불교 수행의 90퍼센트는
헐뜯는 마음을 이해하는 것과 관련이 있다.
여기에는 그런 마음이 어디에서 나오는지,
그것을 피하려면 어떻게 해야 하는지,
긍정적인 마음을 키우려면
어떻게 해야 하는지,
즉 당신이 쌓아올린 벽에서
잘못 쌓은 두 개의 벽돌이 아니라
잘 쌓은 998개의 벽돌을 보는 법을
이해하는 것도 포함된다.

*

사람들을 헐뜯는 대신
자신을 포함한 모든 사람을
이해하려고 노력하고 용서하고
자애롭게 대해주어라.
자신을 그런 길을 따라 나아가는
한 사람으로,
이미 많은 고통을 받았고
앞으로 더 이상의 고통을 받고 싶어
하지 않는 가여운 어린 사람으로 보라.
당신이 자신의 고통과 화해할 수 있다면
헐뜯는 일이 줄어든다는 것을
발견하게 될 것이다.

*

제대로 명상하는 능력은
내가 어떤 것을 체험하든
"이대로 충분히 좋아."
라고 말하는 태도에서 우러나온다.
명상할 수 있는 능력에서

핵심이 되는 것은 마음가짐이다.
호흡을 관찰할 수 있는 한
그것으로 충분히 좋다.
선정에 드는 것은 보너스에 불과하다.
그러니 명상할 때는
느긋하게 하고 쉽게 만족하라.

*
그렇게 하는 것은 나태한 태도가 아니다.
그것은 《자애경》에 나오는 가르침을
따르는 것일 뿐이다.
헐뜯는 마음을 무너뜨릴
원인을 쌓고 있는 것이다.
우리가 헐뜯는 마음을 무너뜨릴 때
분노와 죄책감이라는
두 가지 주요한 번뇌가 크게 약화된다.
그리고 우리는 그에 상응하는
자유로운 느낌을 맛본다.

인생의 항로를 비추는 등대

*

우리에게는 마음이 있기 때문에
필연적으로 생각이 일어난다.
아잔 수메도(아잔 차의 미국인 수제자)가
오래전에 지적했던 것처럼
바른 생각은 깊은 명상에 들어갔을 때처럼
아무 생각도 하지 않는 것이 아니다.
그것은 자신을 포함한 모든 존재를
놓아버리기와 따뜻함과 너그러움으로
대하는 자세로 생각하는 것이다.
붓다도 그런 생각들을 가졌다.
우리 마음이 자유로울 때는
그 세 가지 바른 생각을 실천했기 때문이다.
그 생각들은 우리를
평화와 고요함으로 인도해주기 때문에
우리는 그것들이
지혜에서 우러나왔음을 안다.

*

지혜는 늘 그것이 낳은

마음의 속성들을 통해

측정해볼 수 있으며

그런 좋은 속성들은

더 큰 지혜를 낳는다.

내가 갖고 있는 지혜는

모두 고요한 마음에서 우러나왔다.

고요함은 우리에게

참구할 만한 깊이 있는 자료와

명쾌하게 생각하는 능력을 제공해준다.

고요한 마음은

감각적인 세계에 대한 거부,

사물과 현상 내려놓기,

염오, 평온함, 평화와 자유를

지향하는 길에 대한 이해도를 높여준다.

우리는

이 길이 담마요,

붓다의 가르침이라는 것을 이해한다.

*

명상할 때

지혜란 어떤 것인지를

부디 명심하기 바란다.

붓다의 가르침은 어떤 것이 지혜고

어떤 것이 지혜가 아닌지

확실히 이해하도록 해주기 위해,

우리가 항상 제 길을 가도록

하기 위해 존재한다.

어떤 것이 우리를 편안한 상태,

고요함, 행복, 평화, 자유로 인도해준다면

그것은 지혜에서 나온 것임이 분명하다.

부정적인 속성이 생겨난다면

당신은 잘못된 길을 가고 있고

지혜롭게 수행하고 있지 못한 것이다.

잘 조사해

어떤 것이 잘못된 길인지 밝혀내고

다시는 그 길로 가지 말라.

그런 길을 뱀처럼 보고 피하라.

당신이 지금 잘못된 길을 가고 있다면

참을성 있게 주시하면서
마음을 고요하게 하라.
그러다보면
오래도록 그 자리에 머물러 있지는 않을 것이다.
좋지 않은 뜻, 헐뜯기, 죄책감, 자책, 두려움으로
자기 마음을 처벌하려 하지 말고
훨씬 더 강력한 방식을 동원하라.
삶과 화해하게 해주는 아름다운 자애와
너그러움과 용서 같은 것을.
붓다의 담마 같은 것을.
이렇게 실천하면서 살아가는 기간이 길수록
당신의 마음은
더욱 순수하고 청정해질 것이다.
이것이 바로 참된 길이다.
이 길은 따르기가 그리 어렵지 않다.
당신에게는 두뇌가 있으니 그것을 활용하라.
당신에게는 알아차림이 있으니
그 힘을 북돋워주어라.
당신의 내면에는 따듯한 마음이 있으니
그것을 더욱 키워나가라.

당신은 이 길을 걸어가는 데 필요한
모든 것을
이미 다 갖추고 있다.

＊

꾸준히 수행하면
결국 대단한 지혜와 깊은 이해가 생겨날 것이다.
깊은 이해가 생겨난 것은
높은 곳에 올라간 것과 같다.
당신은 더 많은 것을 보고
과거 어느 때보다 크고 넓은 전망을
얻게 될 것이다.
붓다가 가르친 내용을
생생하게 이해하기 시작할 것이다.

사라질수록 행복하다

*

붓다가 첫 가르침인 《초전법륜경》을 설하는 동안
안냐 꼰단냐는 수다원이 되었다.
이 경전은 고통의 범위를 설명하는 것을
초점으로 삼고 있으며
붓다는 고통을 완전히 이해해야 한다고 말했다.
그 가르침을 들은 다섯 비구 중에서
안냐 꼰단냐만이 제대로 완벽하게 이해했다.
고통을 완벽하게 알기란 어렵다.
우리는 이런 진실을 있는 그대로 보는 것에
저항하는 속성을 갖고 있다.
그 때문에 나는
우리가 자기라고 생각하는 것의 원천인
무아에 초점을 맞출 때
수다원이 되기가 더 쉽다고 생각한다.

조건의 화합

*

《올바른 견해(正見)에 관한 경》에서
위대한 승려 사리뿟따(붓다의 가장 지혜로운 제자)는
무아의 가르침을 거듭 역설한다.
그는 네 가지 성스러운 진리의 틀을 이용해
마음과 몸의 모든 측면을 살펴보고
그런 측면 하나하나가 다
원인에 의지하고 있다는 것을 밝혀주고
그런 원인을 놓아버리는 방법을 설명한다.

*

이 의미심장한 조건적 특성은
모든 것에는 다 원인이 있고
영원한 자아나 신 같은 것은
존재하지 않으며
이 세상에 영원한 것은
하나도 없다는 것을 뜻한다.
모든 것에 그것들이

자라나는 바탕이나 연료가 되어주는
원인이 있다는 것을 알게 될 때
우리는 원인을 제거하면 존재 자체가
사라져 버린다는 것도 알게 된다.
같은 경전에서 사리뿟따는 연기(緣起)의 이치를
상세히 설명한 뒤
의식조차도 원인이 있어 일어나며
원인이 없다면
의식도 존재하지 않을 것이라고 말한다.
이것은 깨달음을 얻은 이들을 제외한
모든 사람이
의식 혹은 아는 자(knower)를
자아로 여기고 있기 때문에
아주 충격적인 진술이다.
그들은 아는 자와 자신을
동일시하고 있기 때문에
그것을 소중히 여기고
좀처럼 내려놓으려 하지 않을 것이다.

다섯 감각은 내가 아니다

＊

명상을 해보면
놓아버리기가 힘들다는 것을 알 수 있다.
어째서 당신은
아픈 무릎이나 가려움을 무시할 수 없는 것일까.
어째서 소리를 가만 내버려둘 수 없는 것일까.
어째서 과거와 미래를 놓아버릴 수 없는 것일까.
어째서 산란한 마음을 멈추게 할 수 없는 것일까.

＊

마음이 산란할 때는
고요하게 되려고 애쓰지 말고
어째서 마음이 고요하지 않은가를 이해하라.
산란함의 원인은 무엇인가.
산란함은 어디에서 오는 것일까.
이런 것이 붓다의 길이요,
조사(調査)의 길임을 명심하라.
의지의 힘을 빌어서는 놓아버릴 수 없다.

우리는 단지 존재들을 이해하고
그것들의 원천을 거슬러 올라가며
추적하는 것을 통해
그것들을 놓아버릴 수 있다.
무엇이 산란함을 일으킬까.
거기에는 많은 원인이 있다.
하지만 계속 탐구하다 보면 종국에는
그 모든 것이 나라는 느낌,
영속적인 자아감으로
귀착된다는 것을 알게 된다.

*

우리는 자신의 몸과 마음에
집착하고 있기 때문에
그것들을 놓아버릴 수 없다.
우리는 몸과 마음을
자기 것이라고 생각한다.
우리는 도둑이 지갑을 훔쳐가는 것은
가만 내버려둘 수 있어도
자기 몸과 마음은 좀처럼 놓으려 하지 않는다.

자기 것이 아닌 것을 놓아버리기가
얼마나 쉬운가를 생각해보라.

*

자기와 무관한 어떤 것이
사라진다고 할 때는
사라지든 말든
아무 상관 없는 일이 된다.

*

우리가 의식을 자기 것이라
여기지 않는다면,
의식을 자신의 가장 소중한 소유물이라고
생각하지 않는다면
명상하는 동안
의식이 사라지기 시작한다 해도
염려하지 않을 것이다.

*

소리에 대한 의식이 사라지고

아무 소리를 듣지 못한다 해도
우리는 굳이 마음을 뒤흔들어
듣기 감각을 작동시키지 않을 것이다.
우리는 그냥 아무 관심도 갖지 않을 것이다.
그것을 놓아버릴 것이다.
몸의 몇 부분이 사라져
그것들을 느낄 수 없을 때도
우리는 염려하지 않을 것이다.
우리는 촉감이 없어도
전혀 개의치 않을 용의를 갖고 있기 때문에
굳이 그런 감각을 되살려내려 하지 않을 것이다.
명상을 시작할 때 이런 현상들을 접하면
감각들을 통해 세상을 경험하는
통상적이고 익숙한 방식이
이제는 별 쓸모없는 것이 된다.
그래서 자신이 편안하게 여기는 영역에서
벗어난 것 같은 느낌이 든다.
하지만 우리는 믿음을 갖고 있기 때문에,
감각이 자기에게 속한 것이 아니라는 것을
이해하기 시작하고 있기 때문에

기꺼이 그런 상태에 이르고자 한다.
감각의식들이 자기가 아니라는 것을
이해할수록
우리는 점점 더
그것들에 개의치 않게 된다.

*

하지만 감각의식들을 여전히
자기 것이라고 여길 경우
우리는 그것들을 이용해
자기 정체성의 느낌을 쌓아올린다.
우리는 보거나 먹는 것 같은 활동을 통해
자신이 존재한다고 생각한다.
감각 체험은 우리에게 존재감을 안겨준다.
다섯 가지 감각의식으로 이루어진
겉옷을 버리려면
믿음과 약간의 시행착오가 필요하다.

*

그런 감각의식들이 사라지기 시작하면

존재에 대한 우리의 인식 전체가 변한다.
우리는 더 이상 이 세상에 살지 않는다.
내가 이 세상에서 산다고 할 때
그 말은 운전하고 주식거래를 하고
집을 짓고 섹스를 하고 영화를 보는 것을
뜻하는 것이 아니다.
우리가 다섯 감각의 세계에서 살고 있다는 말은
우리가 보고 느끼고 사람들의 말에 연연하고
다른 감각 대상들에
일희일비하고 있다는 것을 뜻한다.

*

내가 이런 점을 강조하는 데는
그럴 만한 이유가 있다.
감각의식들이 자기가 아니라는 것을,
그런 것들이 자기와 아무 상관 없다는 것을
알 수 있다면
그런 것들이 자기가 통제할 수 없는
것들이라는 점도 자명해지기 때문이다.

*

많은 사람이 보기 싫은 것을
보지 않으려고 하고
쌀쌀하거나 사나운 말을
듣지 않으려 하고
괴로운 체험을 하지 않으려 하면서
평생을 보낸다.
그들은 의사나 치과의사를 찾아가고
아스피린을 먹거나 모르핀을 맞고
몸의 아픔을 피하기 위해서라면
어떤 짓도 마다하지 않으려 하지만
끝내 성공하지 못하고 만다.

*

불쾌하고 싫은 체험이 자연이나 업처럼
그럴 만한 원인을 갖고 있기 때문에
그들은 아픔을 피하는 데 성공할 수 없다.
늙음과 병과 죽음의 원인은 탄생이다.
우리는 이 세상에 태어났기 때문에
어쩔 수 없는 함정에 빠졌다.

우리는 고통을 겪고 나이 들어갈 것이고
병들어 약해져 죽을 것이다.
우리는 이런 것들을 피할 수 없기 때문에
이런 것들을 있는 그대로 받아들이고
싸우기를 포기해야 한다.

＊

감각들이 자신과 무관한 것임을 이해할 때
우리는 자연히 그것들에 관심을 갖거나
염려하기를 그만두고
그것들이 사라지게 내버려둔다.
심지어 아픔이나 통증도 내버려둔다.
엄청난 아픔 속에서도
어떻게 여전히 웃는 일이 가능할까.
감각들이 자신과 무관하다면
아픔도 자신과 무관하다.
아픔이 우리 자신과 무관한 것이라면
그것은 우리에게 중요한 것이 아니다.
우리는 아픔을 간단히 무시해버릴 수 있다.
우리가 무엇인가에 관심을 기울인다면

그것은 우리가
그것을 중요하다고 여기기 때문이다.
사람들에게 무엇이 중요한가를 살펴보는 것은
흥미로운 일이다.
사람들이 텔레비전에서 축구나 영화를 볼 때는
인스턴트식품이나 스낵 같은 것을 먹는다.
한데 그들은 그 음식의 맛을 느끼지도 못한다.
그 음식은 그들에게 중요한 것이 아니다.
중요한 것은 축구경기나 영화다.
심지어 뭘 먹고 있는지조차
알지 못하는 경우도 적지 않다.

＊

뭘 먹고 있으면서
뭘 먹는지도 알지 못할 만큼
고도의 집중력을 갖고 호흡을 관찰할 수 있을까.
무상(덧없음), 고통, 무아라는
세 가지 특성(삼법인)을
음식 맛도 느끼지 못할 정도로
깊이 관찰할 수 있을까.

당신이 음식 맛을 느낀다면
그것을 중요하다고 여기기 때문이다.
당신에게 그것이 중요한 이유는
당신의 감각 체험들이 자아감, 자기정체성의 느낌,
존재감을 떠올려주기 때문이다.

＊

하지만 당신이 불법수행을 할 때는
정반대 방향으로 나아간다.
《올바른 견해에 관한 경》과 《무아경》의
가르침들을 깊이 음미하고 이해할 때
당신은 사물과 현상을 다른 방식으로 보게 된다.
다섯 감각은 당신과는 무관한 것들이다.
그것들은 원인이 있어 켜지며
그 원인이 사라질 때 꺼질 수 있다.
그것들이 꺼지는 것은 별일 아니다.
당신은 그런 일에 전혀 개의치 않는다.
그것들을 다시 켜지 않는다.
그것들을 가만 놓아버린다.
다섯 감각이 한동안 사라진 상태라면

당신은 선정에 들어선 것이다.

첫 번째 선정(색계 초선初禪)에 드는 방법에 관한
빠알리 어 공식에는
다섯 감각의 활동과 거리를 둠, 초연함, 분리됨,
그런 활동에 관여하지 않음을 뜻하는
'vivicc'eva kāmehi'라는 말이 포함되어 있다.
그런 선정에 든 상태가 지속되는 동안
당신의 마음은
다섯 감각이 미치는 범위 너머에 있기에
몸을 느낄 수 없다.

*

당신은 다섯 감각이 자기가 아니라는 것을 안다.
그리고 그런 앎은 무아에 관한 붓다의 가르침이
맞다는 점을 확인하는 출발점이자
중요한 통찰이다.

*

당신이 아직 선정을 경험하지 못했다면,
그 정도에 이를 만큼 놓아버릴 수 없다면

어째서 그런지 자신에게 물어보라.
그 집착의 원인은 무엇인가.
자신의 몸, 소리, 느낌, 망상, 꿈,
내면의 문답에 대한
관심과 염려의 원인이 되는 것은 무엇인가.
이것들이 모두
다섯 감각의 영역에 속한 것들이며
따라서 당신과는 무관한 것들임을 명심하라.

＊

감각의식은 원인들이 있어 지속되며
그 주요한 원인 중 하나는
그것에 대한 당신의 관심과 관여, 즉 집착이다.
그러니 그런 집착을 끊어버리고
그냥 놓아버려라.

＊

집착은 밧줄과 같은 것임을
마음 깊이 새겨주기 바란다.
밧줄의 한 끝에는 당신이 매달려 있다.

다른 끝은 집착이 생겨나는 곳이다.
우리는 집착이라는 말을 너무나 자주 쓴다.
우리가 그런 말을 쓸 때의 집착대상은
음식, 섹스, 영화, 수면 등인 경우가 많다.
우리는 그런 것들에 실제로 집착하는 주체가
무엇인지 잊곤 한다.
그 밧줄의 이쪽 편에는 무엇이 매달려 있을까.
그것은 바로 존재들과 자신의 동일시다.
그 골칫덩어리는 안에 있는 나다.
"나는 잠을 자야 해.",
"나는 책을 읽어야 해.",
"나는 라디오를 들어야 해."라고 주장하는 것.
당신의 명상이 깊지 않다면
그것은 나라는 존재가 감각의식들에
완강하게 매달려 있기 때문이다.

*

명상의 성공 여부는
매시간 호흡을 잘 관찰하고
숲 속의 조용한 곳을 찾아내고

실내 온도를 적절히 조절하고
충분한 수면을 취하는 문제에만
달려 있지 않다.
그런 물리적인 조건이 완벽해도
충분하지 않다.
다른 무엇이 필요하다.
바로 다섯 감각의식이
자신과는 무관한 것임을
깊이 깨닫는 것이다.

*

그런 것들이
우리의 소관사항이 아니라는 것을
깨달을 때
우리는 그것들과 어울려 노는 짓을 그친다.
우리는 그것들을 내려놓고
그것들이 사라지는 것을 지켜본다.
그것들이 사라질 때
우리는 한 가지 중요한 통찰을 얻는다.
다섯 감각이라는

고통의 한 무더기가 사라졌기 때문에
선정의 열락이 일어난다는 것을.

마음 의식 놓아버리기

*

다음 단계는 마음을 있는 그대로 보는 것이다.
많은 사람이 첫 번째 선정 단계에서
답보 상태에 빠져버리곤 하므로
다음 단계는 중요하다.
다른 유형의 의식들과 마찬가지로
여섯 번째 유형의 의식인
마음 의식의 원인이 되는 것은
나마루빠(명색名色. 의식을 제외한
존재의 모든 의식적, 물리적 측면을 아우르는 말)다.
사리뿟따는 갈대 두 다발을 서로 기대 세워 놓은
비유를 통해 나마루빠를 설명했다.

*

의식은 경험의 일반적인 측면들인
느낌과 지각과 의지를 알아차리기 때문에
나마루빠는 기본적으로
의식의 대상이 되는 것이다.
나마루빠와 의식은 서로에게 의지하고 있다.
따라서 우리가 하나를 없애버림으로써
다른 하나의 의지처를 제거해버릴 경우
다른 하나도 역시 사라진다.

*

의식은 단독으로는 존재할 수 없으며
혼자서는 어떤 것도 알아차리지 못한다.
나마루빠가 사라진다면
의식도 사라질 것이다.
우리가 더 깊은 선정들에 들어갈 때
깨닫기 시작하는 것이 바로 이런 점이다.
마음 의식을 구성하는 두 부분도 사라진다는
것을 깨달을 때
우리는 의식조차도 자신과는 무관한 것임을

알게 되기 때문에
첫 번째 선정에 갇히지 않을 것이다.

*

사리뿟따는 《올바른 견해에 관한 경》에서 의식은
여섯 가지 유형(6식)으로 이루어져 있으며
원인을 갖고 있고 언젠가는 끝난다고 말했다.
그는 의식의 정지로 가는 길이
팔정도라고 말했다.
그러므로 고통의 소멸에는
의식의 소멸이 포함되어 있다.
사리뿟따는 이런 점을 지적함으로써
붓다의 가르침을 새삼 일깨워주고 있다.

*

오래전에 나와 함께 안거에 참여한 여성이
양손의 감각을 잃은 것도 중요한 체험이긴 하다.
하지만 의식을 잃어버리는 것이야말로
모든 길을 철저히 끊어버리는 것이 된다.

*

그럴 때 소멸되는 것은 의식만이 아니다.

느낌들, 원인(인연)들에 의지해 생겨나는

다른 모든 요소도 소멸된다.

붓다는 우리가

팔정도를 제대로 실천할 경우에는

모든 느낌과 아픔과 쾌감뿐 아니라

좋지도 싫지도 않은 중립적인 느낌까지도

소멸한다고 말했다.

불교의 목표가 열락의 상태나

영속적으로 평온한 상태를

이루고자 하는 데 있는 게 아니라

빠리닙바나(반열반般涅槃. 완전한 소멸)라는 것은

자명한 사실이다.

어떤 이들은 이것이 좀 과한 표현이라고

생각할 수도 있다.

하지만 여기서 중요한 것은

우리가 어떤 것도 잃지 않는다는 점이다.

애초부터 나는 존재하지도 않았으니까.

*

그럴 때 우리는 이제 나에 관한 모든 환상,

어떤 느낌을 받고 무슨 일인가를 하는 주체요,

존재의 중심이라고 자처하는 나라는 것은

그저 하나의 인과 과정에 불과함을

이해하게 된다.

우리는 이제 어떤 존재도 없는

더없이 청정한 마음 상태로 체험을 한다.

그리고 닙바나로 가는 길에서

더없는 열락을 맛본다.

고통의 눈속임

*

대다수 사람은 의식의 소멸을

일종의 정신적인 자살이라고 생각한다.

하지만 여기서 중요한 것은

당신이 그렇게 하지 않는다면

지옥 같은 고통을 맛보게 된다는 점이다.
당신이 선택할 수 있는 길에는 두 가지가 있다.
지금처럼 그대로 고통을 겪는 길과
빠리닙바나에 이르는 길.
당신이 네 가지 성스러운 진리를 이해하고
존재에는 고통이 본래부터 내재되어 있다는
것을 이해할 때
당신은 빠리닙바나가
참으로 유일한 옵션이라는 것을 알게 된다.

*

고통이 일면 갈애가 생겨난다.
고통은 당신의 내면에서 무엇인가를 해야 한다는
느낌을 불러일으켜
당신을 움직이게 만드는 문젯거리다.
그 때문에 당신은
이곳에서 저곳으로 뛰어다니고
일반인으로 지내다 승려가 되기도 하고
승려로 지내다 일반인이 되기도 한다.
고통은 이 세상을 굴러가게 만든다.

＊

당신이 고통스럽지 않고
완벽하게 만족스럽다면
굳이 움직일 필요가 없을 것이다.
당신이 만족하고 행복할수록
고요해지는 것은 바로 그 때문이다.
네 가지 선정이 믿을 수 없으리만치 고
요한 상태들인 것은
그것들이 너무나 황홀해
굳이 움직일 필요가 없고
행복을 찾아 다른 곳으로 갈 필요가
전혀 없기 때문이다.

＊

당신이 신체적으로나 정신적으로
움직이는 정도는
바로 당신이 겪고 있는
고통의 크기를 말해준다.
많이 움직이면 고통이 큰 것이고
적게 움직이면 고통이 적은 것이다.

명상할 때 고통이 클수록 산만해진다.
고통이 없거나 아주 적다면
당신은 여러 시간
평화롭고 고요하게 앉아 있을 수 있다.
어째서 그럴까.
문제가 없다면 할 일이 없기 때문이다.

＊

고통은 당신으로 하여금
해결책을 찾아내기 위해
이곳에서 저곳으로,
한 생에서 또 한 생으로
계속 이동하게 만든다.
고통에 대한 해결책을 구하는 것이야말로
삶의 의미가 되는 것이다.
하지만 윤회의 세계 속에서는
고통이 소멸되는 일이 있을 수 없다.
당신이 앞으로 영원히 행복하게 살 수 있는
천국 같은 것은 존재하지 않는다.
천국이라는 것에 관해

조금만 깊이 생각해본다면
그런 것은 본래 존재할 수 없다는
사실을 깨닫게 될 것이다.
가장 맛있는 음식, 끝내주는 섹스를
예로 들어보자.
당신이 늘 그런 것에 탐닉한다면
얼마 후에는 곧 물리고 말 것이다.
그것은 같은 짓을 되풀이하는 것에
지나지 않는다.
어떤 즐거움이나 행복도
그 전에 일어났던 상황에 따라
좌우되는 것이기 때문에
항상 즐거움을 맛볼 수는 없다.

*

당신이 즐거움의 정체를 깊이 들여다본다면
그것이 고통스러운 두 시점 사이의
휴지기(休止期)에 불과함을 알게 될 것이다.
당신이 음식을 맛있게 먹는 이유는
그 전에 몇 시간 동안 먹지 않았고

앞으로 몇 시간 동안
먹지 않을 것이기 때문이다.
당신이 하루 스물네 시간 내내
배를 채운다고 한다면
음식을 즐기기는 고사하고
맛도 모르게 될 것이다.

*

당신은 앞으로 고통이 올 것임을
알고 있을 때만
즐거움을 느낄 수 있으므로
영원히 행복만 지속되는 천국 같은 것은
있을 수 없다.
이 세상에서 완벽하고 궁극적인 만족감
같은 것은 결코 존재할 수 없다.

*

사람들에게 정말로 만족스러우냐고 물을 때
그렇다고 하는 대답을 액면 그대로 믿지 말라.
스스로 직접 살펴보고 알아보라.

그들은 정말로
고통이 소멸된 상태에 이르렀을까.
아니면 그저 얼마 동안
고통을 유예 받은 것에 불과할까.

*

나는
병든 사람들과 죽어가는 사람들과
상상할 수 있는
온갖 문제점을 안고 있는 사람들을 본다.
나는 행복한 사람들도 본다.
하지만 나는 그들이 맛보고 있는 행복이
고통스러운 두 시점 사이의 휴지기에
불과하다는 것을
잘 알고 있다.
결국은 그들도 병들어 죽을 것이다.

*

결혼한 부부들은
얼마 동안 행복하게 지낼 수 있다.

하지만 이윽고 때가 되면
그들은 좌절감과 분노와 우울증을 겪으면서
툭하면 다투는 단계에 접어들거나
이혼하는 단계에 이를 것이다.
어떤 사람들은 행복한 유년시절을 보내지만
다음 생에서는
다른 상황을 맞이할 수도 있다.
또 어떤 사람들은
지옥 같은 어린 시절을 보내고 나서
다음 생에서도 전과 똑같이
고약한 부모를 만나거나
더 고약한 부모를 만날 수도 있다.

*

이런 식으로 고찰하다 보면
다시 태어나는 일이 두려워질 것이다.
당신이 이번 생에서 영리하게 처신하고
좋은 업을 쌓았다고 해서
그것이 꼭 내생에서
고통 받지 않는 삶을 살게 되리라는 것을

보장해주는 것은 아니다.
모든 사람은 각기 좋은 업과 나쁜 업을
산만큼 쌓곤 한다.
미래는 늘 불확실하다.

*
내가 좋아하는 붓다의 가르침 중 하나는
지팡이의 비유다.
처음 그 대목을 읽었을 때
나는 두려움으로 몸을 떨었다.
그 비유는 죽었을 때 받는 업보가
지팡이를 공중에 던졌을 때
어느 쪽이 먼저 땅에 떨어지느냐
하는 것만큼이나 불확실하다는 점을
지적하고 있다.
지팡이는 한 끝이 다른 한 끝보다
더 무거운 경우가 많아
대체로 무거운 쪽이 땅바닥에
먼저 떨어질 확률이 더 높다.
하지만 한쪽 끝이 얼마나 무겁든

가벼운 쪽이 먼저 떨어질 가능성은 늘 존재한다.
마찬가지로 당신이 너그럽게 행동하고
교훈에 따라 살고 따뜻하게 행동하고
늘 순수한 마음을 간직하고 명상하는 것을 통해
좋은 업을 잔뜩 쌓는다 해도
죽었을 때 나쁜 업보를 받을 가능성은
항상 존재한다.

*

모든 사람은 이번 생을 통해서나
그 전생을 통해 어느 정도의 나쁜 업을 쌓곤 한다.
당신이 이번 생을 마감할 때
나쁜 업보를 받지 않는다 해도
윤회의 과정 속에 계속 머무르는 한
결국은 엄청난 고통을 겪게 될 것이다.
지옥에서나 짐승계에서, 혹은 인간으로
여러 가지 험난한 상황에서(지옥, 아귀, 축생, 아수라, 인간,
천신의 육도에서 고통을 겪게 되리라는 뜻).
무아를 완전히 통달해
수다원이 될 때라야 비로소 안전하다.

자아라는 허상

＊

윤회는 두려운 것이다.
당신은 시간을 낭비할 여유가 없다.
하릴없이 빈둥거릴 여유가 없다.
당신이 이미 세상을 버리기 시작한 것이라면
세상으로 다시 돌아가야겠다고
생각하는 것은,
환속해야겠다고 생각하는 것은
아주 정신 나간 짓이다.
그럴 때는 계속 수행의 길로 매진하는 것이,
일관된 행동을 하는 것만이
분별 있는 행동이 된다.

＊

선정에 들거나 고요하게 되는 것은
수행의 핵심적인 부분이긴 하지만
그보다 중요한 것은
내면의 이 사람이 참으로 누구인가를

주시하고 이해하는 일이다.
아니, '누구'가 아니라
'무엇'이 그렇게 하고 있는가를
주시하고 이해해야 한다.
무엇이 늘 내면에서 소동을 일으키고
늘 오가고 있는가.
무엇이 좌절하고 있는가.
무엇이 생각을 일으키고 있는가.
무엇이 혼란스러워하고 있는가.
무엇이 성나 있는가.
이런 것의 원천은 무엇인가.

＊

경험 주체가 무엇인지 계속 주시해보라.
무엇이 괴로움과 즐거움을 느끼고 있지?
내가 무엇인가를 선택할 때
그런 의지는 어디서 오는 거지?
마음이 움직이고 무엇인가를 지향할 때
무엇이 그렇게 지향하고 있는 거지?
당신이 명상하는 동안 진화시켜온

고요함과 이해를 통해
그런 과정을 관찰할수록
그것의 정체는 더욱 선명해진다.

*

자기 내면이 아닌 밖의 어딘가를
살펴보지 않도록 조심하라.
집착의 대상이 아니라
집착이 일어나는 곳이나
집착하는 주체를 보라는 뜻이다.
사물과 현상이 생겨나는 곳을 관찰하고
특히 인과관계에 초점을 맞추어 잘 주시하라.

*

생각은 어디에서 일어나는가.
계속 관찰하다보면
생각이 자신의 아이덴티티 감각에서,
그런 아이덴티티를 형성하고 강화하고자 하는
욕망에서 나온다는 것을 알게 될 것이다.
"나는 생각한다. 그러므로 나는 존재한다."

라는 말은 진실에 부합되는 말이 아니다.
진실은 정반대다.
당신은 존재하고 싶어 한다.
그러므로 당신은 생각한다.
당신은 당신의 세계와 당신의 아이덴티티를
창조해내기 위해 움직인다.
당신이 무엇인가를 창조해낼 때
처음에는 그것이 아주 근사해 보인다.
하지만 옛날 얘기들에 나오는 것처럼
모든 창조는 결국 창조자에게 등을 돌리고 만다.
나는 보디니야나라는 숲 속의 수행센터를
세우기 위해 많은 일을 했다.
그 센터를 내 창조물이라고 해도 좋다.
하지만 내가 조심하지 않는다면
그 창조물은 결국 나를 지배할 수도 있다.
자칫하면 나는 밤낮으로 그 센터를
생각하고 염려하는 처지에 떨어질 수도 있다.

*

당신이 배우자감을 찾아내

그 사람을 당신의 사람으로 만들 경우
처음에 당신은 그 사람을
자기 것이라 생각하겠지만
얼마 후에는 당신이 그 사람의 것임을
알게 될 것이다.
당신이 힘과 자유를 잃었을 때
당신의 창조물은 당신을 집어삼켜버리는
악마로 변할 수도 있다.

*

그러므로 창조하는 대신에,
존재하고 싶어 하는 대신에
고요하게 되고자 하는 열망을 품으라.
당신이 고요하고 평온해질 때
마음은 평탄해질 것이다.
울퉁불퉁한 데도 없고,
문제와 고통과 자아감도 빚어낼 필요가 없는
고른 상태가 될 것이다.
창조하는 일을 그침으로써
존재들을 고요히 가라앉혀라.

욕망과 의지와 선택을 뜻하는 갈애가 사라질 때
동요나 흥분도 사라진다.

사라져라

*

해마다 나는 커틴상 수상식에 참석한다.
나는 그 수상식에 가는 것을 즐긴다.
거기서 수상자들이 우리 사회(호주)에 기여하고
도움을 준 고무적인 이야기들을 듣는다.
몇 년 전에는 나도 그 상을 받았다.
그때 나는 승려로서 내가 사라질수록
더 많은 인정과 상을 받게 된다는 것을 알았다.

*

내가 사라지고 있기 때문에
사실 내게는 메달을 달아줄 데가 없다.
그들은 내게 메달을 꽂아주려 하지만

그들의 손은 내 가슴을 그대로 통과해버린다.
핀을 꽂을 데가 없기 때문에
그 메달은 걸리지 않는다.
이 길을 따라 수행할 때
당신은 서서히 사라진다.
당신이 희미해짐과 사라짐의 참뜻,
곧 가라앉음과 고요함을 이해한다면
무아를 이해하기 시작할 것이다.
당신이 고요해질수록 덜 존재하게 되는 이유는
바로 여기에 있다.
고요해질수록 자아감과 존재감은 약해진다.
그렇게 되는 것은
두려운 일처럼 여겨질 수도 있으나
사실은 근사한 일이다.

*

당신이 자아감을 내려놓을수록
당신은 온갖 고통으로부터 해방되기 때문에
그곳에는 참된 행복만 존재한다.
당신을 이 길로 더 깊이 들어서게 해주는 것은

바로 그처럼 고통으로부터 해방된다는 점이다.

*

그렇게 되기까지는 오랜 세월이 걸릴 수도 있고
불과 몇 년밖에 안 걸릴 수도 있다.
하지만 결국 우리가 할 만한 가치가 있는
단 하나의 현명한 행동은
인내심을 갖고 꾸준히 이 길을 따라 가는 것이며
사라짐의 행복 속에서
진정한 해방감을 맛보는 것이다.

*

절 생활에서 사라짐의 그런 측면은
똑같은 옷을 입고 똑같은 헤어스타일을
하는 것으로 드러난다.
우리는 승려들을 서로 구별하게 해주는
어떤 표식이나 계급장 같은 것도
갖고 있지 않다.
내가 줄의 맨 앞에 서지 않는다면
누구도 내가 선원장이라는 것을 알지 못할 것이다.

우리는 또 침묵을 지키는 성향을 갖고 있다.

*

어째서 사람들은 말을 할까.
사람들은 "나 여기 있어요."라고
하기 위해 말을 한다.
우리는 침묵을 지킴으로써 희미해지고
우리 자신을 포함해 누구도
우리가 거기 있다는 것을
알지 못할 정도로 배경 속 깊숙이 사라진다.
당신이 사라질수록 당신은 더 행복해진다.
사라질수록 당신은 더 큰 기쁨을 맛본다.
덜 존재할수록 더 많은 열락을 맛본다.
붓다의 가르침이
당신에게 전하려고 하는 바의 핵심은
바로 이런 것이다.
하지만 직접적인 체험의 심오함과 비교하면
문자로 된 그런 가르침은 별것 아니다.

의지에 의지하지 마라

*

드디어 당신의 내면이 아주 고요해지면
마음은 움직이지 않는다.
그럴 때 당신은
의지에 시달리지 않는 데서 오는 열락을 맛본다.
그런 경험들을 통해,
특히 두 번째 선정(二禪)을 통해
당신은 우리가 의지나 선택이라고 부르는 것이
당신을 매질하고 당신의 몸을 지지고
당신의 손톱을 잡아 뽑는 고문자와 같다는 것을
분명히 알게 된다.

*

대다수 사람은 의지를 소중히 여긴다.
그들은 선택의 자유를 갖고 싶어 한다.
그들은 욕망을 따르고 싶어 한다.
그들은 자아감에 기만당하고 현혹당하고 있다는
것을 깨닫지 못한다.

당신이 어떤 것도 바라지 않는 상태에서
자신의 굴이나 오두막이나 방에
앉아 있다는 것은 근사한 일이다.
그럴 때 누군가가 당신에게
필요한 게 있느냐고 물어도
당신은 아무 관심도 갖지 않을 것이다.

*

생각해낼 수 있는 어떤 소원도 다 좋으니
세 가지 소원을 말하면 다 들어줄 수 있는
램프 속의 지니를 갖고 있다고 상상해보라.
그럴 때 당신이 한 점의 거짓도 없이
"고맙지만 그런 것 필요 없다."
고 말했다고 치자.
정말로 그랬다면 당신은
욕망으로부터 자유로운 사람이다.
그런 자유는 아름다운 마음 상태다.

*

안거하는 동안 당신은

이 세상의 다른 어디로도
가고 싶어 하지 않은 채
자신의 방에서 조용히 앉아 있을 수도 있고
조용한 길을 따라 걷기명상을 할 수도 있다.
그럴 때의 기분은 얼마나 좋은지 모른다.

*

그런 아름다움은 자유로움에서,
어떤 것도 욕구하지 않는 데서 온다.
당신은 다른 어디로도 가고 싶어 하지 않는다.
어떤 것도 필요로 하지 않는다.
아쉬운 게 하나도 없다.
욕망이 사라질 때 완벽한 상태가 일어난다.

*

당신은 욕망과 그에 따라오는 의지가
고통이 드러나는 양상의 일부임을 알고 있다.
의지는 당신을
앞뒤로, 사방팔방으로 몰아대는 고문자다.
가끔 사람들은 의지를 멈추려 하기도 하고

생각을 멈추려 하기도 한다.
하지만 시도하는 그런 행위 자체가
의지를 더 부추길 뿐이다.
의지를 억누르려 하는 것은
더 많은 동요를 불러일으키고
고요함과 평화와 참된 명상이
일어나는 것을 방해한다.
당신은 이 세상에서 자신이 짊어진 의무를
다 해야 하는 상황을 감내할 수밖에 없다.
당신이 아무 일도 하지 않으면서도
잘 지낼 수 있다면
그 편이 더욱 좋다.
아무 의무도 짊어지지 않을수록 더 좋다.
당신은 이런 걸 일러
게으르다고 생각할지도 모른다.
하지만 여전히 여러 가지 일을 하고 있는 한
당신은 게으름이 뭔지 제대로 알지 못한다.

＊

진정한 게으름과 휴식은

자기 몸을 침대 위에 눕히는 것이 아니라
마음을 눕히고 어떤 일도 하지 않고
어떤 것도 만들어내지 않게끔 하는 것이다.
의지작용이 멈추어
고요해진 마음 상태가 되게 하는 것이다.

*

그런 마음 상태를 직접 체험할 때
당신은 참된 게으름은 바로 마음의 고요함이요,
한 번에 몇 시간 동안 아무것도 움직이지 않는
깊은 선정 상태임을 알게 된다.
이런 것은 좀처럼 믿기 힘든 상태요,
자아감이 구십구 퍼센트가량 사라진 상태다.
그런 상태에서는 바위처럼 단단하고
확고부동한 고요함이 존재한다.

*

나중에 그런 상태에서 빠져나왔을 때
당신은 그동안
의지가 완전히 가라앉았다는 것을 깨닫는다.

의지가 완전히 가라앉을 때
비로소 움직임의 부재 상태가
올 수 있기 때문이다.
어떤 움직임도 없을 때
바로 놀라운 열락의 상태가 일어난다.
아주 심오하고 자유로운 상태가.
그럴 때 당신은 의지야말로
행복과 평화를 방해하는 고문자임을
확연히 이해한다.

콧수염 달린 거북은 없다

*

자아 망상의 두 가지 굳건한 요새가 있다.
자아를 행위자로 여기는 것과
아는 자로 여기는 것이 그것이다.
대다수 사람은 앎과 함을
자신이 완벽한 통제권을 행사하는

텃밭이라고 여긴다.
하지만 명상 훈련을 하다보면
당신은 이런 텃밭을 통제하려고 해봤자
더 많은 아픔과 어려움과 고통이 따를 뿐임을
알기 시작한다.
이윽고 당신은 통제의 길에서는
만족감을 얻을 가망이 없다는 것을 깨닫는다.

*

이런 가르침을 온몸으로 체감하기 시작할 때
당신은 다른 방향으로 이끌려간다.
의지가 사라지기 시작하면서
당신은 근사한 기분을 맛본다.
감각들이 사라지면서 황홀한 기분을 맛본다.
이해하겠어요?
감이 좀 옵니까?
그런 경험은 점차 깊어진다.
당신은 더 고요해지고 더 많은 것이 사라진다.
당신은 붓다의 길을 가고 있다.
따타가따(깨달은 이, 여래)가 **밟았던**

길을 가고 있다.
더 많은 것이 사라짐에 따라
당신은 애초에 자신이 그런 것들을
소유했던 적이 없었다는 사실을 깨닫는다.

*

당신은 욕망이 고통의 탈출구가 아니라
고통의 원인임을 깨닫는다.
자신의 세계를 통제하려는 것이
고통의 해결책이 아니라
원인임을 깨닫는다.
통제하려는 생각을 내려놓으면
에고는 희미해지고
자아감은 사라지고
존재들은 고요해지고
당신은 사라진다.
드디어 평화가 온다.
아, 황홀하구나!
당신은 무아를 이해했다.

*

당신이 무아를 참으로 이해했다면
자신을 수다원(흐름에 들어선 이)이라고
불러도 좋다.
당신은 소멸되어가고 있는 성인(聖人),
곧 아리야다.
당신이
어떤 주체도 존재하지 않는다는 것을
알고 나면
결코 그것을 잊지 못할 것이다.

*

그러한 앎은 당신의 몸과 마음의 전 과정에
생기와 활력을 불어넣어준다.
당신은 의지가 자신과는 무관한 것임을 안다.
다섯 감각 의식도 마음 의식도
자신과는 무관한 것임을 안다.
당신은 이것저것을 체험하고
여기저기로 가기 위해
의식적으로 노력하고자 하는 욕망을

갖고 있지 않다.
무엇하러 굳이
더 많은 체험을 하고 싶어 하겠는가.
숲을 보고 싶다면 밖에 있는 숲을 보면 되지.
숲은 그저 숲일 뿐이다.
대단할 게 뭐 있겠는가.
최근에 어떤 사람이 내가 젊었을 때
나를 혹하게 했던 몇몇 소녀를 찍은
낡은 사진 한 장을 내게 보여준 적이 있다.
그사이에 패션이 많이 변해
이제 그 소녀들은 구려 보였다.

*

오래전에 나는
우리 할아버지와 할머니의 결혼사진을
본 적이 있다.
할머니는 참으로 섹시한 의상임이 분명한
혼례복을 입고 계셨지만
요즘에는 그 누구도 그런 옷을 보고
혹하지 않을 것이다.

그 모든 것은
조건에 따라 좌우되는 것일 뿐이다.
하나도 진실한 것이 아니다.

＊

남들이 말하고 행동하는 것을 따르지 말라.
그런 것에 반기를 들어라.
당신이 누구고 행복의 정체가 무엇인지
알고 싶으면 자신의 내면을 들여다보라.

＊

붓다는
일반인들이 행복이라고 말하는 것을
흐름에 들어선 이들인 성인들은
고통이라고 말하고,
성인들이 행복이라고 말하는 것을
일반인들은 고통이라고 말한다는 점을 지적했다.
성인들의 행복은 평화, 고요함, 정지다.

*

절 생활을 예로 들어보자.
승려들은 새벽같이 일어나고
하루에 한두 끼만 먹고
섹스를 하지 않고
텔레비전이나 영화를 보지 않는다.
누군가가 왜 승려들이 그렇게 하느냐고 묻는다면
"그것이 행복이기 때문이다."
라는 게 정확한 대답이다.
다른 사람들과 일절 말하지 않고
혼자 오두막 속에 틀어박혀
이틀, 삼 주, 반 년을 보내는 것을 두고
일반인들은
감옥 속에서의 고독한 유폐라고 부른다.
하지만 그들이 형벌이라고 말하는 것을
성인들은 더없는 축복이라고 말한다.
당신이 참으로
흐름에 들어선 이의 관점을 갖고 있다면
삶을 전혀 다른 방식으로 볼 것이다.
붓다의 방식으로 볼 것이다.

*
당신이 어떤 의식 속에서나
내면의 그 어떤 것 속에서든
자신이 어떤 알맹이도 갖고 있지 않다는
것을 알았다면
당신이 자아라고 해서
매달리고 의지할 수 있는 건 전혀 없다.
당신은
갈애가 자아감에서 나온 것일 뿐이라는 점을
알았기 때문에 이제 의지를 가라앉히는 것은
별로 어려운 일이 아님을 알게 된다.
의지를 가라앉히면 평화가 온다.
의지의 영원한 정지를 뜻하는
삽바상카라사마타는
닙바나의 또 다른 이름이다.

*
붓다는 이 세상에서 의지의 완전한 정지를
이해할 수 있는 사람은 극소수에 불과하며
그런 이를 '흐름에 들어선 이'라고 말했다.

세속을 떠나 홀로 앉아 아무것도 하지 말고
욕망을 내려놓고 평화롭게 지내라.
그렇게 할 때 당신은
의식이 희미해지는 길을 본다.

*

당신은 희미해지는 의식의 행복을
즐기기 때문에 자주 혼자 지낸다.
혼자 지낼 때는 의식할 게 별로 없고
원하는 것도 별로 없다.
당신은 바라는 게 거의 없고
어떤 것도 요구하지 않는 사람,
이 세상에 족적을 거의 남기지 않는 사람이다.
갈애와 욕망을 통해 발자국을 남기는 것은
당신이 걷는 방식이 아니다.
당신은 놓아버리고 있다.
당신은 사라지고 있다.

*

당신이 완전히 사라지는 때가 온다.

자신이 하나의 빈 과정일 뿐이라는
완벽하고도 포괄적인 이해에 도달할 때
당신은 의지와 의식에 대한 모든 집착을 버린다.
거기에는 아무것도 없다.
환생할 것이 없다.
당신은 환생의 씨앗이 파괴되었다는 것을 안다.
《보배경》에 나오는 것처럼
그 씨앗은 파괴되었다.
새로 창조될 것이 없다.
닙바나, 궁극적인 해방과 평화의 체험은
그와 같다.

*

당신도 자유로워질 수 있는 조건을 만들기 위해
자신의 마음을 세상으로부터 돌아서게 하라.
아잔 차가 말씀하시곤 했던 것처럼 행복을 찾아
콧수염 달린 거북을 찾아
온 세상을 떠돌아다니는 것은
하등 쓸데없는 짓이다.

*

놓아버린다면 당신은
언제 어디서고 고요하고 평온해질 수 있다.
고요함을 두려워하지 않기 때문에
고요함이 찾아온다.
사라지는 것을 두려워하지 않기 때문에
평화롭고 자유로워진다.
이것이 바로 무아를 깨닫는 방법이요,
모든 것을 놓아버리는 방법이요,
고통을 끝장내는 길이다.

이번 생을 마지막 생으로

*

"나는 반드시 늙는다.
늙는 것에서 벗어날 수 없다.
나는 반드시 병든다.
병에서 벗어날 수 없다.

나는 반드시 죽는다.

죽음에서 벗어날 수 없다.

나는 내가 사랑하고 좋아하는 모든 것과

갈라서고 헤어져야 한다……."

남자든 여자든,

재가자든 출가자든,

모든 사람은

이 진실을 자주 되새겨봐야 한다.

＊

우리 모두에게는

늙음, 병, 죽음이 예정되어 있다.

대다수 사람은

이런 진실을 떠올리기가 어렵다.

젊고 건강한 사람일수록

이런 성찰을 하는 게 더 중요하다.

오십대가 되면

건강이 나빠지기 시작하고

육십대가 되면

내리막길을 달려 내려가게 마련이다.

칠십대가 되면 대기실에 앉아
인생을 하직할 날을 기다려야 한다.

도살장에 끌려가는 소 같은 신세

*

올해(2011년)로 나는 예순하나가 되었다.
스무 살 무렵 여자들과 놀러 다니고
건강 걱정 같은 것은 전혀 하지 않으면서
축구를 하느라 여기저기 뛰어다니던 때가
엊그제만 같다.
인생은 참으로 빨리 지나간다.

*

오래지 않아 어느 날 잠에서 깨고 나면
일흔 살이 될 것이다.
이런 성찰은
우리 삶을 큰 그림 속에서 비추어 보여준다.

우리가 지금 여기에 관해서만 생각할 때는
큰 그림을 잊은 채
마치 술 취한 사람처럼 행동하곤 한다.

*

젊은 시절 나는 아주 생생한 꿈을 거듭 꾸었다.
오두막에서 아내와 함께 살고 있던 어느 날
잠에서 깨어나 보니
내가 오랜 세월 시간을 낭비해온 끝에
이제 폭삭 늙어버린 꿈을.
꿈속에서 그것을 깨달은 순간
강력한 염오심이 일어났다.
내가 해왔던 일들에 대한
거부감과 역겨운 감정 같은 것이 일어났다.

*

그것은 경전에 나오는 장님 이야기와도 같았다.
그는 어떤 사기꾼이 더럽고 낡은 넝마를
깨끗한 하얀 옷이라고 주장하는 말에 속아
그것을 샀는데

훗날 시력을 되찾은 뒤에
비로소 자신이 실수했다는 것을 깨달았다.

＊

정전이 아닌 빠알리 어 경전들에서
내가 좋아하는 이야기 중 하나는
《마하왐사(대사大史. 스리랑카의 고대 역사서)》에
나오는 아쇼카 왕의 동생 이야기다.
왕의 동생은 세속적인 쾌락을 좇는
대다수 사람과 마찬가지로 권력을 탐했다.
권력이 있으면 어떤 욕망도 충족시킬 수 있으니까.
그는 형한테서 왕권을 물려받아
왕이 될 날이 오기만 고대했다.
그러나 독실한 불교신자였던 왕은
자기 동생이 붓다의 가르침을 이해하지 못하고
관심도 없다는 것을 잘 알고 있어
동생에게 한 가지 교훈을 가르쳐주기로 결심했다.

＊

어느 날 왕은 목욕하러 갈 때

목욕탕 밖에다 왕관과 옷을 놔두고 들어갔다.
그리고 장관 중 한 사람에게
동생과 함께 왕관과 옷 곁을 지나갈 기회를
만들라고 지시했다.
두 사람이 목욕탕 곁을 지나갈 때
장관이 왕의 동생에게 속삭였다.
"아, 임금님 옷이 저기 있군요.
목욕을 하시나 봅니다.
공(公)께서는 언젠가는 왕위에 오르실 분이니
저 옷을 한번 입어보시지요."
왕의 동생은 말했다.
"그럴 수 없습니다.
중범죄에 해당하는 짓인걸요."
장관은 재우쳐 말했다.
"괜찮습니다. 한번 슬쩍 입어보세요.
아무도 모를 겁니다."

＊
그러자 동생은 못이기는 척
왕의 옷을 입고 왕관을 썼다.

그러자 사전에 각본을 짜 놓은 대로
아쇼카 왕이 목욕탕 밖으로 나와 소리쳤다.
"무슨 짓을 하고 있는 거냐.
이건 중범죄야!
네가 내 동생이긴 하지만
나는 법을 공정하게 집행해야 할 입장이다.
안 되었다만 너를 처형하겠다.
하지만 네가 그리도 간절하게
왕위에 오르고 싶어 하고
또 내 동생이기도 하니
이레 동안만 왕 노릇을 할 수 있게 해주마."

*

미리 약조한 대로 이레가 끝나는 날,
왕은 처형 집행자를 곁에 세워두고
동생을 데려오게 했다.
동생이 오자 왕은 물었다.
"일주일 동안 왕 노릇을 실컷 즐겼느냐?"
동생은 대답했다.
"며칠 후에는 죽을 운명이라는 걸

알고 있는 판에 어떻게 즐길 수 있겠어요.
즐기기는 고사하고 잠도 잘 수 없었습니다."
아쇼카 왕은 동생을 풀어주기 전에
이렇게 말했다.
"일주일 후가 되었든, 일곱 달 후가 되었든,
이십칠 년 후가 되었든
결국은 죽음이 너를 기다리고 있다는 걸
잘 알고 있는 판국에
너는 어떻게 아무 생각 없이
세속적인 쾌락에 빠져들 수 있느냐?"

＊
이것은 우리 모두에게
강력한 교훈이 되는 이야기다.
경전이 지적하는 바와 같이
우리 모두는
도살장으로 끌려가는 소와 같은 신세다.
우리 자신의 죽음을 향해 나아가는 신세다.
이런 점을 생각하면
누구나 정신이 바짝 들 것이다.

늙음, 병, 죽음에 관한 성찰

*

진리에 눈을 뜨는 방법 중 하나는
큰 그림을 떠올리고
인생의 참 모습을 보는 것이다.
제대로 하기만 하면
그것은 우리의 내면에
염오감을 불러일으켜준다.
최근에 나는
2007년에 미얀마에서 일어난 봉기를
다룬 기사를 읽었다.
그 기사에는 군인들이 승려들을
벽돌벽 앞에 일렬로 세워놓고
그들의 머리를 차례로 벽에다 짓찧어
두개골을 깨부순 이야기가 실려 있었다.
그 때문에 몇 명의 승려가 죽었다.
아마 그들은 몇 시간 동안
혹심한 고통을 겪은 끝에
사망했을 것이다.

그런 사건들은 우리와 거리가 먼 사건처럼
여겨질지도 모른다.
하지만 재수가 없으면
누구나 폭력의 희생자가 될 수 있다.
젊은 시절, 내가 태국의 우봉 지역에서
승려생활을 할 때
국경 바로 너머의 캄보디아 땅에는
공산주의 반군인 크메르 루즈가 활동하고 있었다.
그 바람에 국경 바로 곁에 자리 잡고 있는
우리 절들 중 한 곳이 포격을 받았다.
당시 아잔 차는 나를 그 절에 보내려고 했다가
마음을 바꾸셨다.
스님은 크메르 루즈가 서구인 출신의 승려를
납치하거나 살해할지도 모른다고 염려하셨다.
아무튼 당시 공산 반군은
우봉 지역을 공격할 수도 있었고
그 밖의 여러 사태가 일어날 수 있었으며
그 때문에 나는 자칫하면 죽을 수도 있었다.
그것은 내게 삶의 불확실성을 일깨워준
중요한 사건이었다.

*

당신이 살고 있는 지역에서는
이런 문제가 존재하지 않는다 해도
당신 몸의 속성상 병 같은 것이 언제나
당신 주변에 잠복해 있을 수 있음을
염두에 두라.
지금 당신의 몸속에는 암이 있는데
당신은 그걸 미처 모르고 있을 수도 있다.
당신은 그런 소식을 들을 준비가 되어 있는가.
지금 당장은 몸에 병이 없을지라도
조만간 당신은 병이 들 것이다.
그때까지 살아 있다면 말이다.
당신은 이런 현실들을 깊이 숙고해봐야 한다.

*

그렇게 성찰하다 보면 삶의 한계도 보이고
기회도 보일 것이다.
큰 그림이 보인다는 뜻이다.
우리가 늙음과 병과 죽음이라는
우리의 한계를 이해할 때

앞으로 어떻게 해야 할지가 자명해진다.
당신의 한계를 보려면 몸의 속성을 살펴보라.
몸은 당신이 피하려야 피할 수 없는
수많은 문제를 안고 있어 아주 취약하다.
몸과 자기를 동일시하거나
몸에 탐닉하거나
과도하게 몸을 염려하는 대신에
그 몸을 당신의 마지막 몸이 되게 해서
다시는 이런 궁지에 빠지지 않도록 해야 한다.
이것은 기회다.
불행하게도 우리는 미망에 빠져 이런 기회를
이용할 수 있는 찬스를 놓친다.
대부분의 젊은이는 젊음과 건강에 관한
망상과 도취에 빠져 있다.

＊

사람들은 제 몸이 건강할 때는
그것을 정상적인 상태로 여긴다.
젊을 때는 그 젊음이
영원히 지속될 것이라 여긴다.

몸의 참된 속성을 깊이 성찰해보지 않을 경우
우리는 자신의 행위가
그에 상응하는 결과를 낳는다는
점을 쉽게 잊어버리고
온갖 어리석은 짓을 저지른다.
우리 인생에서 초장에는
여러 가지 쾌락이 따르지만
주의하지 않으면
결국 비싼 대가를 치르고 만다.

*

게다가 꽃이나 몸이나 절처럼
아름다운 모든 것은 이울고
결국은 더럽고 역겨운 것이 된다.
보디니야나 절 건물들의 일부에는
여기저기 금이 가 있는 것을 볼 수 있다.
그것은 그 절이 퇴락하고 무너져내려 사라지는
과정의 시작을 알려주는 증거다.
이 세상의 모든 것이 그와 같다.
부부가 오랫동안 결혼생활을 유지할 수도 있다.

하지만 어떤 부부들은 즐거움은
이미 오래전에 사라지고
이제는 그저 편리함 때문에 함께 살기도 한다.

*
처음에는 나름대로 즐거움을 얻지만
나중에는 그 대가를 치러야 한다는
사실을 이해할 때
우리는 이 모든 감각계에 염오심을 갖게 된다.
몸, 인간관계, 오고감 뿐 아니라
절을 짓는 일에 대해조차도.
그 모든 것은 덧없이 이울어 사라진다.
이 거대한 지구조차도 언젠가는
태양이 집어삼킬 것이고
아무것도 남지 않을 것이다.
인류의 어떤 기록도, 중국의 만리장성도,
타지마할도 남지 않을 것이다.
붓다의 가르침을 포함한
모든 것이 사라질 것이다.
우주의 속성이 본래 그렇다.

*

우리에게 삶의 속성을
강력하게 환기시켜주는
또 다른 인자는
가족이 겪는 고통이나 죽음이다.
내가 우리 어머니를 마지막으로 만났을 때
어머니는 알츠하이머병에 걸려 있었다.
어머니는 이미 나한테서 멀리 떨어져 있었다.
나는 어머니의 몸은 볼 수 있었지만
어머니의 마음은 이미 사라지고 없었다.

*

10대 때 나는
아버지가 돌아가시는 광경을 목격했다.
한밤중에 어머니는 나를 깨우시더니
아버지 몸을 아무리 흔들어도
일어나지 않는다고 하셨다.
나도 흔들어보았지만 이미 시신이 되어 있었다.
그 몸의 주인은 바로
내가 사랑했던 우리 아버지였다.

그 나이에도 나는 죽음이라는 것이
그런 것임을 알고 있었기에
별다른 마음의 동요 없이
아버지를 가만히 내려놓을 수 있었다.

＊
죽음에 그렇게 가까이 다가가 봤다는 것은
내게 큰 행운인 셈이었다.
그 사건은
부모님이 나는 아니라는 사실을 일깨워줬다.
그분들은 내 인생의 초창기에
나를 보살펴준 분들일 뿐이다.
나는 많은 과거 생을 통해
많은 부모님을 만났다.
그분들은 가장 최근에 만난 분들일 뿐이다.
그러니 그분들에게 유달리 더
마음 쓸 이유가 어디 있겠는가.
내가 몸에 별로 애착을 갖고 있지 않고
대체로 명상도 잘되는 이유는
몸에 대한 이런 이해 덕이 아닐까 싶다.

*

우리 아버지는 마흔일곱에 돌아가셨다.
그것은 내가 이미 아버지보다도 10년 이상
더 오래 살았다는 걸 뜻한다.
그런 의미에서 지금 나는
여분의 삶을 살고 있는 셈이다.
우리가 그처럼 생각할 때
죽음이라는 현실은
아주 선명하게 다가오며
우리는 삶에 대한 새로운 관점,
좀 더 현실적인 관점을 갖게 된다.

*

이 세상에는 이처럼
성찰하지 않는 사람이 대다수다.
그런 이들은
죽음이 자기와 아주 멀리 떨어져 있으며
그 문제는 실제로 닥쳐올 때 해결하겠다고
생각하는 경향이 있다.
막상 죽음이 닥쳐왔을 때

그것을 받아들이지 못하는 이들은
바로 그런 이들이다.

*

노년의 나이는
대부분의 사람이 과거 삶을 돌아보고
자기가 어떻게 살았나 생각해보는 때다.
내 경우에는 승려로서 삼십오 년을 보냈기에
과거를 돌아봐도 전혀 괴롭지 않다.
그것은 순수한 생활을 하고 마음을 훈련하고
남들을 섬기는 데서 오는
평화와 행복을 맛본 세월이었다.

*

나는 내가 내 연배 사람들 중에서
늙는 것에 대한 대비가
가장 잘된 사람이라고 확신하고 있다.
나는 과거를 돌이켜볼 때마다
'나는 내 시간을 지혜롭게 활용해왔어.'
라고 생각한다.

내가 결혼한 여느 사업가나 회사원 같은
삶을 살았더라면
참으로 가치 있는 삶을 사는 데서 오는
평화와 안정감 같은 것은 얻지 못했을 것이다.
어렸을 때 반복적으로 꾼 꿈에서처럼
어느 날 아침에 잠에서 깨어나
'도대체 내가 뭘 해온 거지.
너무나 오랫동안 시간을 낭비해왔구나.'
라고 생각했을 것이다.
늙음과 병과 죽음에 대한 성찰은
우리에게 삶에 대한 다른 시각을 제공해준다.
우리가 그런 성찰을 더 깊이,
더 자주 해야 하는 이유는
바로 거기에 있다.

*

걷기명상을 할 때
'나는 죽을 거야.
그건 확실해.
나는 죽을 거야.

그건 확실해.'
라는 만트라를 사용해보라.
설령 당신이 노련한 명상가라고 해도
죽음에 대한 관조가 지닌 힘을
과소평가하지 말라.
당신이 '흐름에 들어선 이'가 아니라면
그런 성찰과 명상은 세상을 보는
당신의 시각을 전환시켜줄
잠재력을 지니고 있다.
감각적인 세계에 집착하지 말고
그런 세계에 대한 염오를 키워나가라.
그런 세계에 애착과 갈애를 느끼지 말고
자연스럽게 거부하라.

죽는 법 배우기

*

내가 쓴 《술 취한 코끼리 길들이기》의
마지막 이야기는
자신이 살고 있는 똥 무더기에 너무 집착한 나머지
천상계로 올려 보내주겠다는 약속을 받았음에도
그 똥 무더기를 포기하고 싶어 하지 않는
벌레에 관한 이야기다.
가끔 나는
내가 스승으로서 하는 활동의 주된 부분이
사람들을 본인들의 똥 무더기에서
끌어내는 것이라고 생각한다.

*

나는 책을 쓰고 설법을 하고
대중을 제접하는 활동을 통해
다른 이들을 섬기려고 무진 애를 쓰지만
사람들은 종종 똥 무더기 속에
그대로 머물러 있는 것을 더 좋아한다.

내가 그들을 그 무더기에서 약간 끌어내도
그들은 다시
그 속으로 기어들어가기로 결정한다.
절 생활에는
대단한 아름다움과 평화가 따른다.
하지만 대다수 사람은
고통을 이해하지 못했기에
그런 점을 깨닫지 못한다.
절 생활의 자유 속에서는
참된 행복을 얻을 수 있다.
소유물을 거의 갖고 있지 않고
아무 연고도 따르지 않으며
외적인 어떤 방해도 받지 않고
어떤 구속도 없다.

*

대다수 사람은 그런 것을 고통으로 여긴다.
하지만 성인(聖人)들은 일하러 가야 하고
융자금을 걱정하는 방식으로
세상사에 관여하는 것이

진정한 고통이라고 말한다.
사람들은
'그녀가 나를 사랑할까.
그녀는 내게 관심이 있을까.
나와 결혼해줄까?'
라고 걱정하며
그렇게 근심 걱정하는 것을 행복으로 여긴다.
나도 한때 그런 입장에서 그랬던 적이 있고
그것이 엄청난 고통이라는 것을 잘 알고 있다.

*

사람들은 자신을 위해
그런 의문을 해결해야 한다고 생각하고
그 불 속에 손을 들이밀어 화상을 입는다.
그러고 나서야 그들은 내 말이 옳았다는 것을,
붓다의 말이 옳았음을 깨닫는다.
하지만 그들은
세상사에 단단히 뒤엉켜들었기에
때는 이미 너무 늦었다.

*

그러므로 지혜롭고 올바르게 살라.
다른 사람들이 따르는 것을 따르지 말라.
자유와 행복에 이르는 참된 길이
무엇인지 깨달은 뒤
그 길을 따르라.
당신이 내리는 결정은 오늘뿐 아니라
앞으로 십 년간, 이십 년간, 혹은 삼십 년간
당신에게 영향을 미친다.
늙음과 병과 죽음을 맞을 대비가 되어 있는지
자신에게 물어보라.
이런 대비는 좋은 요양원을 찾아내는 것처럼
물질적인 자원을 확보하는 일과는 무관하고
순전히 영적인 자원하고만 관련된 일이다.

*

자신의 건강이 늘 계속되는 것이 아니며
병들고 쇠약해지는 것이
몸의 속성이라는 것을 깨닫고
자신의 건강을 놓아버릴 수 있겠는가.

당신은 죽는 법을 배워야 한다.
세상에, 소유물에, 물질적인 행복에 대한
모든 바람에 무관심해지는 법을 배워야 한다.
당신은 모든 것을 놓아버리는 법을 배워야 한다.
비교적 이른 시기에 죽는 법을 배운다면
당신은 올바른 길을 가고 있는 것이다.

*

《무아경》에서 붓다는 수행자들에게
오온이 영원한 것이냐,
덧없는 것이냐고 묻는다.
수행자들은 덧없는 것이라고 대답한다.
다음에 붓다가 덧없는 것이
행복이냐 고통이냐고 묻자
수행자들은 고통이라고 답한다.
이어 붓다가 고통인 것을
나, 내 것, 자아로 간주하는 게
타당한 일이냐고 묻자
수행자들은 타당하지 않은 일이라고 답한다.

*

오온(다섯 가지 무더기)이 고통임을 이해할 때
당신은 한 가지 무더기도
이미 너무 많은 고통을 안겨주는 판에
다섯 가지 무더기를 모두 끌어안고
고통을 겪는 것은
전혀 무의미한 일이라는 것을 깨닫게 된다.
절 생활을 하고 싶은 마음이 들도록
부추기는 요인이 바로 거기에 있다.

*

늙음과 병과 죽음을 이해할 때
우리는 자신이 해결해야 할
문제를 안고 있다는 점을 이해한다.
그런데 대다수 사람은
문제가 코앞에 닥치기 전까지는
꿈쩍도 하지 않으려 든다.
그들은 늙을 때 가서야
비로소 늙음의 문제를 해결하려 들 것이다.
실제로 병이 들어야 비로소

병 때문에 걱정할 것이다.
죽을 때가 되어야 비로소
죽음을 생각하기 시작할 것이다.
그들은 몇 달 동안 공부해야 함에도
꼭 시험 전날에 이르러서야 부랴부랴
당일치기 공부를 하는 아이들을 닮았다.
늙음과 병과 죽음이라는
엄청난 시험을 치를 때도
사정은 마찬가지다.
아직 젊고 건강하고 팔팔한 지금
숙제를 하라.

감각의 대가

*
당신은 몸에 대한 관심을 버림으로써,
자기 몸과 타인들의 몸에 대한 관심을 버림으로써
그런 시험에 대비할 수 있다.

참으로 매혹적인 사람을 볼 때
당신은 자기와 마찬가지로
늙음과 병과 죽음을 겪을,
윤회의 사슬에 걸려 있는 또 다른 사람을
보는 것에 불과하다.

*

나는 여자를 볼 때
내 동료 승려를 보는 것과
전혀 다르지 않은 방식으로 본다.
그녀는 욕망의 대상이 아니라
여자의 몸을 지닌 존재일 뿐이다.
모든 사람을 그런 식으로 볼 수 있다면
그건 대단히 훌륭한 일이다.
그것은 당신이 자유롭다는 것을 뜻한다.
우리는 어떤 욕망들이
우리를 너무 들뜨게 하는 바람에
생각하고 공상하는 일을
좀처럼 멈출 수 없고
그 때문에 너무 많은 시간을 허비한다.

하지만 사람들은 그런 느낌을 즐긴다.
그것은 기분이 좀 더 나아진다는 이유로
자신의 가려운 상처들을 불에다 대고 태우는
문둥이와 비슷하다.
그는 사실 자기 몸을 태우고 있지만
자신이 안고 있는 고통의 속성 때문에
그렇게 하는 것을 즐거운 일로 여긴다.
감각적인 즐거움들의 경우에도
사정은 마찬가지다.
그것들의 참된 속성을 이해할 때
우리는 그런 즐거움들을 놓아버릴 것이다.

*

예전에 아잔 수메도가
영국의 치서스트 절 근방에 살고 있던
한 부부 얘기를 들려준 적이 있었다.
부부는 완벽해 보이는 결혼생활을 하고 있었다.
그들은 젊었을 때 사랑에 빠졌고
부부싸움을 한 적이 거의 없다시피 했다.
그러다 아내가 중증의 관절염에 걸려

고통을 겪는 처지에 빠졌다.
그녀가 모든 것을 내려놓고 죽고 싶어 했을 때
남편은 그녀가 없는 삶을 견딜 수 없다면서
좀처럼 그녀를 놓아주려 하지 않았다.
남편이 아내를 놓아주려 하지 않았기 때문에
아내는 계속 고통을 겪어야 했다.
과거에 부부관계를 통해 맛본 행복이
이제는 갚아야 할 빚 같은 것이 되어버렸다.

*
붓다는 감각적 욕망을 맛보는 것은
빚을 지는 일과 같다고 말했다.
당신이 감각적인 세계로부터
그 어떤 쾌락을 얻든
결국 당신은 환멸과 좌절감과 고통으로
그 빚을 갚아야 한다.
사람들이 사랑에 빠질 때
당신은 그것을 분명히 목도할 수 있다.
사랑하는 사람에게서 거절당할 때
그들은 상심하고 좌절하고

심지어 자살하고 싶은 심정에 빠지기도 한다.
처음 사랑에 빠질 때는
일말의 행복을 맛볼 수도 있지만
훗날에는 그 대가를 치르게 될 것이다.

*

내가 사랑하고 좋아하는 모든 것과
갈라서고 헤어져야 한다는 사실을 성찰할 때
당신은 감각적 쾌락과 몸에 대한 관심을
점차 잃게 된다.
그런 것들을 철저히 탐구할 때
당신은 그런 것들에서 행복을 추구하는 것은
현명한 일이 되지 못한다는 것을 깨닫는다.
그럴 때는 몸으로부터 자유로워지고
내생에서 어떤 다른 몸도 얻지 못하도록
하는 일에 전심전력할 수 있다.
당신은 몸에 대한 애착이야말로
이해하고 내려놓아야 할
가장 핵심적인 것임을 이해한다.

살아 있는, 그래서 죽어가는
모든 것을 사랑하라

*
우리는 몸에 대한 애착을 극복하기 위해
몸의 서른두 개 부위에 대한 명상을 한다.
태국에서는 승려들이
검시 장면을 보러 가기도 한다.
나는 온몸을 샅샅이 해부하는 장면도
몇 차례 보았다.
내가 본 검시 장면 중에서
가장 충격적이었던 것은
나와 비슷한 나이의 젊은 남자를
검시하는 광경이었다.
그는 내 또래였기 때문에
나는 자연히 그의 몸과 내 몸을 동일시했다.
검시가 진행될 때 나는
그 몸의 역겨운 속성을 보았고
내 몸도 그것과 다르지 않을 것이라는 걸 알았다.
나는 그 경험을 통해 몸에 집착하는 것이

무가치한 일임을 철저히 깨달았다.

＊

이런 장면 같은 것을 볼 때
당신은 몸이 늙고 병들고 죽는 속성을
갖고 있다는 것을 인정하지 않을 수 없다.
그와 같은 이해가 투철해지면
당신은 인간 삶에 으레 따라오게 마련인
최대의 고통 몇 가지에 대한 통찰을 얻는다.
붓다가 출가해 이런 고통들에서
벗어날 길을 찾으러 나선 것도
사실은 늙음과 병과 죽음에 대한
성찰 때문이었다.
그는 늙음과 병과 죽음이
일종의 형벌과 같은 것임을 깨달았고
그것들은 그에게 해결책을 찾고자 하는
동기를 부여했다.

＊

이런 식으로 자기 몸을 관찰할 때

당신의 내면에서는 몸에 대한 염오가 일어나며
몸에 대한 집착, 염려, 관여, 심취는
저절로 사라진다.
자기 몸에 대한 심취가 사라질 때
타인들의 몸에 대한 심취도 사라진다.
당신이 예쁜 아가씨를 볼 때
당신 눈에 들어오는 것은
당신과 똑같은 심장과 폐와 사지를 가진 몸이다.
당신은 자연히 감각들의 작용을 억제하게 되며,
따라서 정욕은 일어나지 않는다.

*
이런 종류의 성찰은
악의에 맞설 때도 활용할 수 있다.
암에 걸린 사람을 대할 때면
다른 사람들을 대할 때보다
성을 덜 내거나 짜증을 덜 낼 것이다.
당신은 아파하거나 고통스러워하거나
곧 죽으려는 사람에게는
자연 발생적인 연민의 감정을 품게 된다.

*

우리 모두가 죽어가고 있기 때문에
당신은 누구에게나 다
그런 감정을 품을 수 있다.
사람들이 당신에게
무슨 말을 하고 무슨 짓을 하든
그저 그들이 죽어가고 있다는 사실을 떠올려라.
다른 사람들을 그처럼 볼 때
악의라는 장애는 일어나지 않는다.
정욕과 악의가 일어나지 않고
몸에도 관심을 갖고 있지 않기 때문에
당신은 평화롭게 자리에 앉아
눈을 감고 마음의 영역으로 들어설 수 있다.

두 악마가 당기는 밧줄

*

당신이 몸을 관조하는 이유는

몸의 참된 속성을 이해하고
그것에 대한 염오를 갖게 되어
몸을 버릴 수 있게 하기 위해서다.
손이 사라질 때
당신은 '시원하다.'라고 생각한다.
다리가 사라지면
'한숨 돌렸네.'라고 생각한다.
등이 사라지면,
'와, 다행이다.'라고 생각한다.
호흡이 사라지면
'야호!'라고 생각한다.
몸 전체가 사라질 때
당신은 마침내 몸으로부터 자유로워진다.
당신은 몸을 놓아버렸기 때문에
적절하게 죽는 방법을
미리 시연해본 것이나 다름없다.
우리가 깊은 명상을 통해 얻는
위대한 가르침 중 하나가 바로 이것이다.

*

당신이 건강할 때 몸을 놓아버릴 수 없다면
병들거나 아플 때 과연
그럴 수 있으리라 생각하는가.
지금 몸 어디가 아플 때 명상하기가 쉬울까.
호흡을 주시하기가 쉬울까.
당신이 병들어 아프거나 죽어가는 상황에서는,
쇠약해져 기력이 거의 없는 상황에서는
어떨 것이라 생각하는가.
그때는 몸을 놓아버리기가
훨씬 더 어려울 것이다.

*

몸이 건강하고 몸 상태가 상당히 좋은 지금이
몸을 놓아버리는 법을 배우기에 적당한 때다.
세월이 지날수록
몸은 자꾸 더 나빠지기만 할 것이므로
몸이 어떤 상태이든
지금부터 배우는 것이 좋다.

*

자신을 훈련시키도록 하라.
가부좌하고 눈을 감고 조용히
지금 이 순간을 알아차리는 훈련을 하라.
당신 생각의 대부분은
몸과 감각적 쾌락의 세계에 관한 것임을 명심하라.
그런 모든 생각을 그쳐라.
자신의 호흡과 함께 머무르고
그 호흡이 아름다워지고 몸이 사라지게 하라.
호흡에 완전히 집중할 때는
머리도 다리도 느낄 수 없다.
당신은 몸이 어디 있는지 알지 못해
관심을 덜 쓰려 해도
그럴 것이 없다.

*

몸은 완전히 사라져 버렸고
당신이 가진 것은 호흡뿐이다.
호흡은 아름다워지고
곧이어 니밋따가 일어난다.

그 시점에서 호흡을 포함한
몸은 완전히 사라져 버린다.

*

몸으로부터의 자유.
이것은 당신이 죽을 때 일어나는 일이다.
니밋따는
사람들이 죽으면서 자기 몸을 떠나거나
임사(臨死) 체험을 할 때 보는 것과 같은 빛이다.
니밋따 단계에서는
놀라우리만치 황홀한 열락이 일어나는데
그 열락은 섹스나 인간관계에서 맛보는
여타의 쾌감보다 훨씬 더 좋다.

*

당신이 몸을 놓아버릴 때
그런 단계에 이르기는 그리 어렵지 않다.
당신이 여전히 몸에 집착할 때만 어려울 뿐이다.
내면에 몸에 대한 집착이
여전히 남아 있다는 것을 알 때면

자신이 고통에 집착하고 있다는 것을,
불타는 석탄을 끌어안고 있는 것에 불과하다는
사실을 떠올려라.
몸을 놓아버리고
그 똥 무더기에서 빠져나오라.

*

당신이 이런 것들을
아직 체험해보지 못했다면
이런 말이 죄다 잠꼬대처럼 들릴 수도 있다.
하지만 명상이 진전됨에 따라
당신은 이런 말이 잠꼬대가 아니라는 것을,
이런 상태들이 실제로 존재하며
내가 한 말이 다 사실임을
점차 깨닫기 시작할 것이다.
당신이 할 일은 오로지 명상을 진전시키고
몸을 더 내려놓는 것뿐이다.

*

당신은 몸이 늙음과 병과 죽음 때문에만

고통이 아니라 정상적인 상태일 때도
고통의 거대한 산이라는 것을 이해한다.
이런 것은 당신이 깊은 명상을 통해 얻는
놀라우리만치 강력한 깨달음 중 하나다.
니밋따에 들기만 해도
당신은 이런 깨달음을 얻는다.
하지만 선정에 들 때는
이런 깨달음이 아주 선연해진다.
우리는 늘 괴로움에 너무나 익숙해 있어
평상시에는 몸의 고통을 알아차리지 못한다.
아잔 차는 목에 밧줄을 칭칭 감고 태어난 데다
두 악마가 그 줄의 양 끝을 잡아당기는
처지에 놓여 있는 사람이라는
근사한 비유를 든 적이 있었다.
아잔 차는 두 악마의 정체에 대해서는
한 번도 말씀하신 적이 없다.
하지만 나는 두 악마를 욕망과 악의,
혹은 의지와 몸에 대한 집착이라고 생각한다.

*

두 악마는 밧줄을 계속 팽팽하게 잡아당기지만
그 사람은 항상 그런 상태로 지내왔고
한 번도 제대로 숨을 쉴 수 있었던 적이 없었기에
일이 어떻게 돌아가고 있는지 모르고 있다.
그는 그저 그것이 정상이고
그것이 삶이라고 생각한다.
그러던 어느 날 제대로 명상을 해서
아름다운 호흡 단계에 이르면서
밧줄이 느슨해진다.
그는 처음 제대로 숨을 쉬면서 생각한다.
'와, 너무나 평화롭구나. 근사하다.'
이윽고 니밋따 단계에 이르러
로프가 거의 완전하게 늦추어지자
그는 또 생각한다.'
우와, 이건 정말 놀랍구나!'

*

이 단계에서 당신은
불교의 위대한 진리의 하나를,

붓다도 역시 깨달았던 진리를 깨닫는다.
당신이 행복한 이유는
고통의 모든 산이 사라졌기 때문이라는 것을.
악마들은 밧줄을 놓았고 당신은
다시 제대로 숨을 쉴 수 있다.
당신이 직접 이런 체험을 할 때의 기분은
여간 근사한 게 아니다.
이런 체험은 우리가 무엇을 이루려 하는가를
직접 통찰하게 해주기 때문이다.
우리는 몸의 고통스러운 속성 때문에 수행한다.
몸에서 분리되고 몸을 초월해
마음의 영역에 들어가는 방식을 통해.
이런 수행을 다시는 반전이 일어나지 않을 만큼
철저히 해낼 때 당신은
'돌아오지 않는 이(아나함)'가 되어
다시는 물질적인 몸의 세계에
환생하지 않을 것이다.
하지만 당신이 명상을 철저히 하지 않는다면
다음에 어디로 환생할지 누가 알겠는가.

불사不死의 문은 열려 있다

*
당신도 자유의 열락의 체험할 수 있다.
그런 체험을 하고 나면
붓다의 가르침의 참뜻을 이해하게 될 것이고
자주적이고 독자적인 사람이 될 것이다.
당신은 다른 사람들을 필요로 하지 않을 것이다.
남들이 뭐라고 말하고 어떻게 대해주든
전혀 개의치 않을 것이다.
당신은 그저 혼자 조용히 앉아
더없는 열락을 맛볼 것이고
자유로워질 것이다.
그렇게 되기를 원치 않는가.
가능성은 이미 주어져 있고 당신은 할 수 있다.
아직 그렇게 하지 못했다고 해도 상관 없다.
시간문제일 뿐이다.
불사의 문은 열려 있다.
그 문으로 들어가느냐 들어가지 않느냐는
당신에게 달려 있다.

그 문으로 들어가기만 하면
당신은 다시는 늙고 병들지 않을 것이고
죽지도 않을 것이다.
이번 생이 마지막 생이 되게 하라.

사마디의 피라미드

*

아잔 차는
내가 가장 사랑한 스님 중 한 분이요,
참으로 아라한처럼 보이는 분이셨다.
나는 메콩 강 강변의 농카이 지방에 있는
그분의 절에서 뵈었던
그분의 모습을 결코 잊지 못할 것이다.
태국 국왕은 그분을 위해
그 절에 큰 홀을 하나 지어줬다.
태국 사람들은 그것을
만다빠(높은 전당)라고 부른다.

그 홀은 숲 속 절에 있는 홀치고는
지나치게 호화스러웠다.

*

나는 그 홀에 들어갔던 일을 늘 기억할 것이다.
그것은 메콩 강 일대의 아름다운 경관을
한눈에 굽어볼 수 있도록 설계된 홀이었다.
그 한구석에 놓인 의자에
그 노스님이 앉아 계셨다.
그분의 눈빛과
그분의 주위를 두르고 있는 아우라는
그분이야말로 참으로 평화로운 분이요,
성스러운 스님이라는 것을 알려주었다.
그분은 머리 위를 뒤덮고 있는
가지들과 이파리들을 거느린
나무 밑동과 참으로 하나가 된 것처럼 보였다.
하지만 그분은 국왕 때문에 그곳에 계셨다.
굳이 원한다면
그것이 그분의 운명이라고 해도 좋다.
그분을 뵈러 가기 전에 나는

그 위대한 스님에게 묻고 싶은
온갖 질문거리를 미리 생각해뒀다.
한데 막상 그분 앞으로 다가갔을 때는
그 질문거리들이 모조리 떨어져나가 버렸다.
어느 의미에서는
그 때문에 내가 그곳까지 간 것이
헛일이 된 것만 같았다.
나는 질문 대신에 아주 지혜로운 말을 했다.
우리가 질문하지 않고
제 힘으로 답을 찾아낸다면
그 편이 훨씬 더 좋은 것 같다는 말을.
그러자 그분은 빙그레 웃으면서
"맞아. 그게 올바른 태도야."라고 말씀하셨다.
우리는 남들에게 의지하는 대신
제 힘으로 진리를 발견해야 하고
우리 자신의 계율과 평화와 지혜에
대한 책임을 져야 한다.

단순한 게 좋아

*
요즘 우리는 가끔
지나치게 많은 정보에 노출되곤 한다.
우리 중 많은 이가 아이팟에
엄청난 양의 이야기를 저장해두고 있다.
우리 절에는 빠알리 어, 중국어, 태국어, 영어로 된
온갖 경전이 갖추어져 있다.
심지어는 독일어 경전도 있다.
그것들은 우리 절의 사무실에 있는 컴퓨터로
언제든 접할 수 있다.
우리가 접하거나 입수할 수 있는
담마들이 너무 많아
가끔 그렇게 많은 경전이 과연 다 필요할까
하는 의문이 들기도 한다.

*
붓다가 살아계실 때의 사람들은
아마 단하나의 경(經)만 들었을 것이고

어떤 이들에게는 진리를 알고 삶 속에서
행복과 평정심을 얻는 데
그것만으로도 충분했을 것이다.
하지만 요즘의 상당수 사람은
닥치는 대로 정보를 집어삼킨다.
너무 많이 먹어 과체중이나
비만이 되는 것과 마찬가지로
뇌는 너무 많은 정보를 받아들이는 바람에
과중한 부담에 시달리고 있다.
우리가 그 모든 정보를
제대로 처리하는 법을
알지 못할 경우
그것들은 우리를
혼란스럽고 어지럽게 만드는
결과만 빚을 것이다.

*

붓다가 가르친 내용의 정수는
명쾌하고 단순하다는 사실을
명심해야 할 것이다.

나쁜 짓은 하지 말고 좋은 일을 하라.
그리고 마음을 청정하게 하라.
그것을 다시 단 한 마디로 요약할 수 있다.
자애와 평화와 조화의 길을 걸으라는 것으로.
이런 단순한 가르침이
가장 좋은 것인 경우가 적지 않다.
우리는 불교 수행자로서
붓다의 가르침을 따르고
자비행을 하고 있다.
우리는 그런 것들을
머리로 생각만 하는 게 아니라
직접 실천한다.
그럴 때라야 그 가르침은 우리를
평화와 자유와 조화로 이끌어준다.
중요한 것은 함이며 우리는 함의 결과를 보고
자신이 올바로 실천하고 있음을 안다.
붓다가 우빨리 존자(계율에 정통해 지계(持戒) 제일이라는
칭호를 얻었다)에게 무엇인가가
아름다운 자유와 평화의 느낌으로 인도해준다면
우리는 그것이 담마와 부합하고

바른 길과 일치하는 것임을 안다고 말한 것은
바로 그 때문이다.
신체적 고통은 피할 수 없는 것이기 때문에
당신이 올바로 수행할 때 강화되는
자유와 평화의 느낌은 심적 체험이다.
세상에서 갖가지 일이 일어날 때 마음은
그것이 윤회의 속성이고
윤회는 고통이라는 것을 알고
그냥 바라보기만 한다.
당신은 고통을 보되 고통에 반응하지 않으며,
있는 그대로의 고통 한복판에
그냥 서 있기만 한다.

*

경전들에서 위대한 아라한들은
세상은 그저 고통의 일어남이자
사라짐일 뿐이라고 말한다.
이런 위대한 아라한들은
일반인들이 알아볼 수 없을 때가 많았다.
그들은 탁발하러 다니고 식사하고

여러 잡일을 하고 밤에 잠자리에 들고
아침에 깨어났다.
그들은 지역사회와 적절한 조화를 이루어
두드러지지 않았기에 배경 속으로
사라져 버리다시피 했다.
그렇게 평탄하고 고른 속성은
수행에 으레 따르기 마련인
중도(中道)의 일부다.
행복과 고요함과 평화의 상태로
인도해주는 것은
무엇이든 다 올바른 길이다.

규제가 주는 자유

＊

우리는 사람들에게 계율을 실천하고
붓다의 가르침을 따르라고 가르칠 수 있다.
하지만 우리는 사람들이

실제로 어떻게 행동하는지는
알지 못한다.
우리가 할 수 있는 것은
그저 사람들에게 붓다가 어떻게 행동했고
숲 속 수행승단의 노스님들이
어떻게 지내는가를
알려주는 것뿐이다.
그리고 당신이 행복하고 평화로운 삶을
살고자 한다면
번뇌에 물들지 말아야 한다는
경전의 가르침을 전하는 것뿐이다.

*

당신이 승려든 일반인이든
감각적인 쾌락에 탐닉한다면
영적인 힘이 약해져
결국 세속적인 길로 빠져들고 말 것이다.
그런 쾌락에 탐닉하는 사람들은
외면상으로는 행복해 보일 수도 있다.
하지만 더 깊이 들여다본다면

다른 면들을 보게 될 것이다.
조지 버너드 쇼는
신자들이 비신자들보다 더 행복해 보이는
이유가 무엇이냐는 질문을 받고
"그것은 술 취한 사람이
맑은 정신을 가진 사람보다
더 행복해 보이는 것과 별반 다르지 않다."
는 명언을 남겼다.

*

영화를 보고 파티에 참석하고
섹스를 하는 것 등을 통해
쾌락을 추구하는 것은
다섯 가지 감각에 취하는 것과도 같다.
그것은 미망의 한 형태이며
당신은 나중에 그 대가를 치러야 한다.
당신은 행복을 빌려오고 있으며
나중에는 그에 대한 반대급부로
부정적인 생각과 감정,
근심 걱정과 우울증을 경험하게 된다.

*

《출가자의 결실에 관한 경(沙門果經)》같은
경전들에서
붓다는 계율을 잘 지키는 사람은 누구나
'허물이 없는 기쁨'을 맛보게 된다고 말했다.
수행을 하면서 그런 가르침의 진리를
직접 체험해보는 것은
아주 근사한 일이다.
계율을 지키면서 스스로 삼가고
오랜 기간 바른 길을 걸을 때
당신은 자신에게 참으로 좋은 느낌을 갖게 된다.

*

당신은 그동안
남들이 눈치 채지 못하는 가운데
은밀한 쾌락에 탐닉해왔기 때문에
자기가 꽤 영리하다고 생각하면서
좋지 않은 행동을 일삼아오는 짓
같은 것은 하지 않았다.

*

그런 짓을 하는 것은
사실상 비밀이 되지 못한다.
자신이 이미 그걸 알고 있고
내심 꺼림칙한 기분을 느낄 것이기 때문이다.
그런 사람이 반드시 죄책감을 느끼거나
자책하는 건 아니다.
하지만 그는 허물없음에서 비롯된
자유가 안겨주는 행복감을 놓치게 마련이다.
당신이 자신의 삶을 주의 깊게 살펴본다면
자신의 행위가
자신의 행복과 평화와 자유의 수준에
어떤 영향을 미치는가를
알아차릴 수 있을 것이다.

*

금하는 것도 힘이 생겨난다는
느낌을 갖게 해준다.
일반인으로 지낼 때든 승려로 지낼 때든
내가 무엇인가를 버리고 욕망을 억제할 때마다

나는 그런 느낌을 맛보았다.
내가 대학생 시절에 술을 끊었을 때도
그런 느낌을 받았다.

*

우리는 번뇌에 굴복하지 않는 데서
오는 힘을 느낄 수 있다.
번뇌의 엉덩이를 걷어차버림으로써
그것들로부터 자유로워지는 데서 오는 힘을.
그것은 문자 그대로
감옥이나 굴종 상태에서 풀려난 것과도 같다.

*

다섯 감각에 탐닉할수록
당신은 더욱 속박당하는 신세가 된다.
하지만 탐욕과 성냄과
미망(탐진치 삼독)을 끊어버릴수록
당신은 더욱 성인들의 길을 따르게 되고
더 깊은 행복과 평화를 맛보게 된다.

*

붓다가 어떻게 수행했는지,

사리뿟따와

마하목갈라나(두 사람 다 붓다의 수제자들이다)가

어떻게 수행했는지

자신에게 물어보라.

당신이 경전에 나오는

위대한 승려들과 여승들의 본보기를

따른다면 잘못 가는 일은 없을 것이다.

당신은 일상에서 고통의 원인들을 물리치거나

있는 그대로 놓아버리거나 극복하고 있기 때문에

평온하고 행복한 마음을 얻게 될 것이다.

*

그러므로 계율을 실천하기 시작할 때

당신이 느끼는 행복감의 수준은 올라간다.

당신은 더 큰 행복을 맛보고 있기 때문에

알아차림의 힘은 강해지고

더 평화로운 기분을 맛보게 되고

명상은 진전된다.

당신이 행복을 맛보기 시작할 때
그 모든 것은 함께 따라온다.

*

행복은 또 당신에게 만족감을 안겨준다.
만족감은 규제에서 오는 결과다.
그것은 당신의 마음이
욕망에 의해 덜 속박을 받기 때문이다.
욕망의 노예 상태와 정반대되는,
욕망으로부터의 자유가 안겨주는 행복감을
부디 알아차리기 바란다.

*

세상 사람들은 끊임없이 코를 꿰어 끌려다닌다.
아름다운 여자나 잘생긴 남자가 지나가면
사람들은 넋을 잃고 바라본다.
조만간 그들은 그런 짝과 데이트를 하다가
이윽고 함정에 빠지고 만다.
그들은 약혼반지나 결혼반지라는 이름의
수갑을 찬다.

그러고 나서 그들은
여러 해 동안 꼼짝하지 못하는 신세가 된다.
결혼생활은 종종 파탄이 나며
그러고 나서 그들은 남은 평생 동안
이혼수당을 지불해야 할 것이다.
그러니 당신이
진정한 자유를 그대로 누리고 싶다면
무슨 일에서든 삼가고 조심하라.

욕망의 주인이 되어라

＊

처음에 세속적인 것들에 빠져들 때
당신은 자신이 욕망을 지배하고 있고
그것들을 다스린다고 생각한다.
하지만 당신이 욕망에 탐닉한다면
얼마 지나지 않아
그것이 자기를 지배한다는 사실을

알게 될 것이다.
당신은 이제 선택하는 게 아니라
그 욕망을 만족시키도록 강요당하는
처지에 떨어질 것이다.

＊

오래전에 나는
연극 〈고도를 기다리며〉를 본 적이 있다.
그 연극에서 등장인물 중 한 사람은
개 한 마리를 갖고 있다.
첫 막에서 그는 개를 끌고 다닌다.
한데 두 번째 막에서는 개가 주인이 되고
원래 주인은 개목걸이를 목에 걸고
네 발로 기면서 가죽 끈에 묶여 끌려다닌다.
그 연극의 주제 중 하나는
대체로 주인과 노예의 처지는 뒤바뀐다는 것이다.
우리와 갈애의 관계에서도 이것은 진실이다.
처음에 우리는 자신이 갈애와 욕망을 통제하고
그것들을 자신의 의지와 목적에
따르게 할 수 있다고 생각한다.

하지만 우리가 깨닫기도 전에
갈애와 욕망, 그리고 그런 마음의 기류들이
우리를 지배하고 다스리게 된다.

*

자유를 얻으려면
억제하는 방법을 써야 한다.
우리는 욕망과 갈애에게
"안 돼!"라고 말해야 한다.
감각적 경험에 탐닉하려는 충동에게
"안 돼!"라고 말할 때
우리는 대단한 해방감을 맛본다.
이제 우리는
감각적 경험들에 예속되지 않는다.
밤새도록 비행기 여행을 하는 바람에
한숨도 잘 수가 없는 상황일 때는
굳이 잠을 자려고 애쓸 필요가 없다.
우리 몸은 그 정도는
얼마든지 견뎌낼 수 있으니까.
매일 꼬박꼬박 밥을 먹는다는 것은

근사한 일이다.
하지만 먹지 못한다고 해도
크게 괴로운 일은 아니다.
붓다는 단식을 권한 적이 없지만
자신이 욕망을 제대로 다스리고 있는지
알아보기 위해 하루쯤 식사를 거르는 것도
좋은 일이다.

*
오래전, 나는 석 달 간의 안거 기간 내내
차를 마시지 않기로 결심했다.
내가 그런 뜻을 밝히자마자
나와 함께 지내던 승려 중 한 사람이
나를 만나러 왔다.
그는 영국인에게 그게 얼마나 큰 희생인지
잘 알고 있었기에
몹시 걱정스러워 하는 표정을 하고 있었다.
그는 몇 년 전에 또 다른 영국인 출신의 승려도
나처럼 차를 마시지 않고 지내겠다고 선언해놓고
아주 힘들어 한 적이 있다고 했다.

나는 차 없이 잘 지내기로 결심했다 하고
별다른 어려움을 겪지 않고 안거를 마쳤다.
이처럼 가끔 욕망의 지배력을
헐겁게 만들어놓는 것도 괜찮은 일이다.
덜 가지고 덜 필요로 할수록
당신은 자유로워진다.
그럴 때 당신은 욕망이 당신의 주인이 아니라
당신이 욕망의 주인이라는 것을 안다.

*

자신의 충동을 억제하고 갈애와 욕망에게
"안 돼!"라고 말할 수 있을 때
우리는 놀라운 해방감과 평화의 느낌뿐 아니라
대단한 자신감까지 얻는다.
경전들에는 실제로 그런 대목이 나온다.
"계율을 잘 지키고
그 가르침을 제대로 따른다면
그대들은 두려움 없이 어디든 갈 수 있을 것이다."

*

욕망이 우리를 지배하고 있지 않기 때문에
우리는 변화하는 상황들에
유연하게 적응할 수 있다.
감각에 대한 억제는
자신이 자족적이고 독자적인 존재라는
좋은 느낌과 아울러
자신감을 북돋워준다.

*

당신은 계율과 선한 마음에서 생겨나는
자유와 평화와 행복을 얻는 것을
목표로 삼아야 한다.
그러나 계율이 당신을 억압하게 하지는 말라.
계율을 제대로 이해할 때
당신은 그것이 우리를 고통으로부터
해방시켜주는 것임을 알게 된다.
잘못된 짓을 할 때 우리는
불에다 손을 들이미는 아이처럼 아픔을 겪는다.
그러나 아이가 그 경험을 통해 교훈을 얻어

다시는 불에 손을 대지 않는 것처럼
우리는 자신의 행위가 어떤 결과를 낳는지
알아차릴 수 있도록 주의 깊게 관찰해야 한다.
그렇게 하지 않을 경우
우리는 갈애와 악의, 죄책감을
비롯한 갖가지 번뇌의 힘에 휘둘리게 될 것이고
더 많은 고통과 괴로움만 빚어낼 것이다.
참된 계율은 평화와 자유와 행복을 빚어낸다.
명상의 경우에도 마찬가지다.
당신이 참으로 놓아버리고
마음을 평화롭게 한다면
그것도 역시 당신을
아름다운 평화와 자유와
행복으로 인도해줄 것이다.

사마디의 피라미드

*
붓다는 계율을 잘 지켜
사마디가 제 힘을 발휘할 때는
엄청난 이익과 결실이 따라온다고 말했다.
승려 입문식 때도 흔히 이 대목을 염송한다.
실제로 붓다는 번뇌를 억제하고
바른 일을 행하지 않을 때는
마음의 통일성을 뜻하는 사마디가
약해진다고 말했다.

*
사람들은 명상에 관해 생각할 때
흔히 호흡을 어떻게 관찰해야 하는가,
니밋따가 일어날 때는 어떻게 해야 하는가,
명상하는 과정에서
다른 기법들은 어떤 기능을 하는가 등을 궁금해한다.
하지만
사마디에 연료를 공급해주는 역할을 하는 것이

무엇이냐고 묻는 이는 거의 없다.
계율과 규제가
사마디의 성공에 대단히 중요하다는
사실은 잊어버리기가 쉽다.
《따야나 경(따야나의 붓다 방문기)》은
우리가 다섯 감각과 세속적인 욕망을
버리지 않고서는
마음의 통일성을 뜻하는 사마디에
이를 수 없다고 말한다.
이것은 중요한 가르침이다.
우리는 다섯 감각의 세계가
본질적으로 고통이며
필연적으로 여러 문제와 어려움을
불러일으킨다는 것을 잘 알고 있다.

＊

나는 절을 유지하기 위해서나
승가를 이끌기 위해 일할 때
그것이 괴로움으로 가득한 일이 될 것임을
잘 알고 있다.

그런 일은 빛깔, 소리, 냄새, 맛, 감촉의 세계에
속한 것이기 때문이다.
그와 관련된 모든 것을
제대로 굴러가게 하는 일은
항상 힘겨운 싸움이 된다.
나는 관리 책임을 맡은 사람이기 때문에
그런 일이 쉬울 것이라고 기대하지 않는다.

*

다섯 감각의 세계 속에서는
고통을 피할 수 없는 게 진실이기 때문에
해결책은 하나밖에 없다.
그 세계를 놓아버려야 한다는 것.
명상이 지향하는 단 하나의 목적은
다섯 감각을 가라앉히고
마음을 평온하게 하는 것이다.
이 세상을 있는 그대로 바라볼 수 있는 시각은
오로지 평화와 고요함, 그리고 놓아버리기를
통해서만 얻을 수 있다.

*

젊었을 때 나는
중앙아메리카로 여행을 간 적이 있다.
유카탄 반도의 정글을 한참 가로질러 가다가
이윽고 옛 마야 피라미드 중 하나에 올라갔다.
나는 며칠 만에 처음으로
가까운 주위 풍경 너머를 바라볼 수 있었고
내가 어디쯤 와 있는지를
좀 더 잘 파악할 수 있었다.
이것은 명상하는 동안에 일어나는 일에 대한
훌륭한 비유가 될 만한 체험이다.
당신이 사마디의 상태에 제대로 들어설 때
당신의 마음은 아주 맑아져
이제껏 자신이 싸워왔던 세계를
선명한 시각으로 굽어볼 수 있다.

*

이것은 지혜의 한 가지 중요한 측면이다.
평상시의 자아에서 벗어날 때
당신은 그때까지 자신이 해왔던 일들을

정확히 알고 평가할 수 있다.
당신은 자신이 지혜롭게 처신하고 있다고
생각하지만
가끔은 그렇게 하지 못했다는 것을 알 수 있다.

*
당신은 자신이
잘하고 있다고 생각했지만
실제로는 가끔 자신과 남들에게
해를 끼치고 있었다.
그 정글을 가로지르고 있었을 때
나는 내가 어디쯤 가고 있는지
도무지 알 수가 없어
그렇게 가는 게 엄청난 고역이 되었다.
그러나 피라미드 꼭대기에 올라갔을 때는
가장 상태가 좋고 가장 짧고
가장 가기 쉬운 길이 어느 길인지
훤히 알 수 있었다.

*

마찬가지로 당신이 적절한 명상 체험을 할 때면
세상이 어떤 곳인지 제대로 통찰하게 된다.
삶이라는 정글을 헤치고 나가기에 가장 좋은 길,
가장 평온하고 문제가 따르지 않을 만한 길이
어떤 길인지도 알게 된다.

*

분명히 보고 알 때
당신은 세상이 결코 줄 수 없는 것을
세상에게 기대하는 짓을 그친다.
나는 고통을
'삶이 결코 줄 수 없는 것을 삶에게서 기대하는 것'
이라고 정의한다.
당신이 삶으로부터 너무 많은 것을 원한다면
고통을 겪을 것이다.
당신은 자신의 기대감으로
그런 고통을 자초하고 있다.
삶의 한계와 자기 능력의 한계를 이해할 때
당신은 자신이 할 수 있는 일이라고는

남들에게 해를 끼치는 게 아니라
도움을 주려고 최선을 다하는 것뿐이라는 것을
알게 된다.

*

하지만 당신이
가장 좋은 의도를 갖고 있을지라도
이따금 성공하지 못할 때도 있을 것이다.
그것이 인생이며
당신으로서는 달리 어쩔 수가 없다.
당신의 주변 세계를 지혜롭게
훤히 꿰뚫어볼 수 있는 힘은
모든 것을 있는 그대로 보는 데서 나온다.
삶이라는 정글은 상처와 고통이라는 속성을
갖고 있다는 것을 아는 데서.
지금도 우리 몸속에는
늙음과 병과 죽음이 잠복해 있다.
우리 몸의 속성이 본래 그렇다.
우리가 할 수 있는 일은
그저 그런 속성을 받아들이고

그것과 조화를 이루는 것뿐이다.

*

붓다는 고통의 화살 두 대,
곧 육체적인 화살과 정신적인 화살이
우리를 완전히 꿰뚫고 있다고 말했다.
육체적인 화살은 몸과 관련된 고통이며
이 화살은
우리가 어찌해 볼 여지가 별로 없다.
우리가 할 수 있는 것은
정신적인 화살을 뽑아내는 일이다.
정신적인 화살은,
"난 이게 싫어."
"이런 식으로 해서는 안 돼."
"이게 왜 이래."
라고 말하는 태도다.

*

피라미드 꼭대기에 올라가
자신의 삶과 세상을 굽어볼 때

우리는 분명하고 현실적인 시야를 얻는다.
우리는 훨씬 더 지혜로운 사람이 되어
피라미드에서 내려온다.
우리가 지혜롭기 때문에
우리의 삶은 평온하고 쉬운 것이 되며
우리는 오로지 육체적인 화살에서
오는 고통만 겪는다.
지혜의 본질은 가능한 최상의 삶을
우리에게 제공해주는 것이다.

＊

사람들은 니밋따와 선정, 존재의 본질,
네 가지 성스러운 진리,
연기법에 관한 온갖 생각을 갖고 있다.
대체로 그들은 자기네가 무슨 소리를 하는지도
잘 모르면서 추측하고 생각한다.
하지만 붓다는
"나는 고통과 고통의 소멸에 관해서만 가르쳤다.
우리가 집중할 것은 그것뿐이다."
라고 말했다.

그렇게 함으로써 우리는
평화와 행복에 이르는 길에 집중하게 된다.

*

그 길은 마음속의 피라미드,
곧 명상의 피라미드를 오름으로써
세상에서 벗어나는 법을 가르쳐주는 길이다.
우리는 그 피라미드를 오름으로써
조화, 자애, 행복, 평화 등의 중도에 관한
깊은 이해를 뜻하는 지혜의
여러 가지 특성을 알 수 있다.

*

그 큰 그림을 보면 우리는 자유로워진다.
자유의 증거는 아름답고 평화로운 삶이다.
물론 우리는 아직도
육체적인 문제들을 안고 있다.
하지만 정신적인 화살이라고 하는
고통의 큰 산 하나는 제거되었다.

아름다운 중도

*

우리는 줄곧 육체적인 고통과
정신적인 고통을 겪어왔다.
우리는 가끔 육체적인 고통을
이런저런 방식으로
경감시키려 하지만 그런 고통은
몸을 갖고 살아가는 일의 일부요,
이 세상 삶의 일부라는 것을 깨닫는다.
사람들이 어리석은 짓을 하고
스스로와 타인들을 괴롭히는 것을
보는 것도 역시 삶의 일부다.

*

나는 호주에서 살다 보니
가끔 절에서 먹고 남은 음식을 두고
캥거루들이 싸우는 광경을 보게 된다.
그런 광경을 통해 우리는 캥거루들도
사람들만큼이나 욕심이 많다는 것을 알게 된다.

하지만 우리는 세상의 속성이
원래 그렇다는 것을,
우리가 그 속성을
어떻게 할 수 없다는 것을
알고 있으므로
그저 웃으면서 가만 내버려둔다.
마찬가지로 비록 우리가
다른 사람들의 고통에 대해서는
별달리 할 수 있는 일이 없다고 하더라도
자신의 정신적인 화살을 뽑아내고
평화롭게 지내는 법을 배울 수는 있다.
그럴 때 우리는
고통을 완전히 없애버리는 유일한 방법은
영원히 환생하지 않을 자유를
선택하는 것임을 알게 된다.
결국 우리가 바랄 수 있는 유일한 길은 그것이다.
그리고 자신과 다른 이들의 닙바나를
바라는 것이야말로 최고의 자애다.

*

《보배경》에는 붓다가 다른 존재들을
최대한 돕기 위해 닙바나를 성취했다는
내용이 나온다.
우리가 다른 이들에게 줄 수 있는
최상의 선물은
우리 자신이 깨달음에 이르는 것이다.
당신이 참다운 이타주의를 실천하고자 하는
열망을 갖고 있다면
깨닫고자 하는 일에 집중해야 한다.
깨닫지 못하면 자신이 뭘 하고 있는지를
제대로 알지 못한다.
명상이라는 마음속 피라미드에 오를 때라야만,
그 꼭대기를 향해 나아갈 때라야만
삶의 여러 문제를 극복하는 법을 배우게 된다.
세상을 넘어 큰 그림을 볼 때
비로소 삶의 모든 것이
어떻게 작동하는지 이해하게 된다.

*

그것을 이해해 수다원이 될 때
당신은 자신이 그 오랜 세월 동안
어떻게 그런 것도 모르고 살아왔나 싶어
놀라움을 금치 못하게 될 것이다.
당신은
무엇이 평화와 행복을 빚어내는가를
분명하게 아는 지혜를 얻었다.
완성을 지향하는 것이 아니라
세상이 줄 수 없는 것을
결코 요구하지 않는 지혜를.
그런 분명한 앎 덕에
지혜는 고통을 경감시켜줄 수 있다.
세상이 당신에게 줄 수 없는 것을
세상에게 요구하는 것이야말로
고통이라는 점을 명심하라.

*

피라미드에 올라 위에서 내려다보라.
참된 명상의 느낌, 지혜와 깨달음의 맛,

그런 것들을 성취할 방법을
이해하는 데 도움이 될 수 있다.
그런 것들을 이해할 때
당신은 불법의 의미를,
계율과 고요함과 지혜라는
간단한 가르침의 의미를 알게 된다.
그런 위대한 지혜를 체득하고 나면
자기 몸에서 어떤 일이 일어나든
평화롭게 지낼 수 있다.
당신은 여전히 몸을 보살펴주면서도
몸의 속성을 잘 알고 있기 때문에
정도를 넘어서는 행동을 하지 않는다.
아름다운 중도를 실천한다.

＊

중도를 실천하는 사람은
점차 사라지는 사람이다.
중도에 머물 때라야만
사라지는 일이 가능하다.
어떤 식으로든

지나치게 극단적인 경우에는 두드러진다.
너무 크거나 너무 작아도,
너무 뚱뚱하거나 너무 말라도
두드러진다.
가장 좋은 예가
태국의 아잔 따떼의 모습이 아닐까 싶다.
그분은 장려한 궁전에서 지냈지만 사라졌다.
내가 그분이 기거하는 방에 들어갔을 때
방은 텅 빈 것처럼 보였다.
나는 두 번이나 방 안을 둘러본 뒤에야
비로소 한구석에 앉아 있는
작은 노승을 발견했다.
그러므로 당신이 할 일은
바로 그렇게 하는 것이다.
아잔 따떼처럼 되어
이 고통의 세계에서 사라지는 것.

직접 확인하고 조사하고 실천하라

위빠사나의 담마(진리, 붓다의 가르침)에서는 믿음이 별로 중요하지 않다. 자기 스스로 알아보고 실천하는 것이 가장 중요한 요소다. 그래서 붓다는 "내 말을 액면 그대로 믿지 말라. 정말로 맞는지 확인하고 샅샅이 조사해보고 맞는 것 같으면 직접 실천해 그맛을 보라."고 말했다. 세상의 종교들은 대체로 믿음을 강조하고 경우에 따라서는 강요하기까지 한다. 하지만 붓다는 정반대로 가르친다. 그런 점에서 《깔라마 경》은 아주 독특하고 흥미로운 경전이다. 이 경전이 나온 유래가 재미있다.

＊

붓다가 살아 있었을 때 인도 사회는 혁명적인 변화를 겪고 있었다. 원래 농경사회였던 인도는 그 무렵을 전후해 무역이 크게 번성하면서 많은 부자가 출현했다. 이것은 얼핏 근대 서구 부르주와 사회의 출현과 맥을 같이한다. 무역이 번성하면서 각처에 도시가 생겨나고 부르주와 계급이 등장하면서 철통같은 계급차별을 바탕으로 한 중세봉건 사회가 끝나고 자유라는 이념을 근간으로 한 근대 시민사회가 출현하는 것과.

이렇게 새로운 변화가 일어난 것과 함께 전에 없던 새로운 종교
들이 우후죽순처럼 등장했는데 그 대표적인 종교가 불교와 자
이나교였다. 그래서 붓다가 깔라마라는 마을에 갔을 때 그 마을
사람들은 붓다에게 하소연했다. "요즘은 새로운 스승들이 연이
어 나타나 하나같이 다른 사람들의 말은 다 틀렸다, 자기 말이
맞다, 그러니 자기 말을 믿으라고 하는데 우리로서는 누구 말이
맞는지 도무지 알 길이 없습니다. 당신의 말이 맞는지 우리가 어
떻게 알 수 있습니까?"

*

그에 대한 붓다의 답변을 모은 것이 바로《깔라마 경》이다. 붓다
는 자기 말을 무조건 믿는 것은 어리석다, 샅샅이 조사해보고 직
접 확인한 후에 믿어도 늦지 않다고 했다. 붓다의 자신감과 자부
심이 확연하게 드러나는 발언이다. 붓다는 하나의 이데올로기나
사상체계, 교리를 불쑥 던져놓고는 무조건 믿고 실천하라고 강
요하지 않았다. 붓다 자신이 명상을 통해 직접 체험해보고 확인
하고 조사해보면서 깨달음에 들었으며 그런 체험기이자 기록이
바로 담마요, 팔만사천 법문이다.

*

붓다의 가르침에서 모호하고 추상적이고 흐리멍덩한 점은 거의
없다(사실은 하나도 없다고 단언하고 싶지만). 붓다의 경전 어느 한

구석에도 애매하게 얼버무리고 넘어간 대목은 거의 없으며 시종일관 과학자보다 더 철저하게 파고들고 살펴보고 조사해본 뒤에 내린 결론들로 가득 차 있다. 붓다는 우리나라의 어떤 젊은 친구처럼 애매한 점들을 정리해주고 그대로 하라고 한 게 아니라 사람들이 그 말이 맞나 직접 시험해보고 확인해보게 했다.

✳

그런데 인도 사회는 서구 근대사회와 비슷한 변화를 겪었으면서도 결과는 정반대로 나타났다. 서구사회는 우리가 다 알다시피 부르주와 계급이 출현하면서 시민혁명을 겪고 자유, 평등, 박애의 정신을 바탕으로 한 근대시민사회가 든든하게 자리 잡지만 인도에서는 브라만교가 철벽같은 장애가 되어 이런 사회변화의 조짐이 끝내 좌초하고 만다. 전 세계에서 유례없이 공고한 계급제도도 지금 이 시대에 이르기까지 그대로 남아 있을 정도다.

✳

그 시절 많은 부를 형성하고 유력한 위치에 올라섰던 신흥 상업 자본가들은 바이샤라는 평민계급의 굴레를 끝내 벗어날 수 없어 좌절한 끝에 평등을 강조하고 누구나 다 열심히 탐구하고 실천하고 체험하다 보면 자신이 본래 타고난 참다운 본성을 찾을 수 있다고 하는 붓다의 가르침을 열심히 따랐다. 불경에 가끔 나오는 장자들, 붓다와 그의 제자들에게 수행처를 제공해주고 후

원했으며 붓다의 가르침을 열심히 실천했던 장자들이 바로 그들이다. 그들은 인도사회를 변혁하지는 못했지만 대신 이 시대까지 그 향기를 길이 이어가는 불교를 크게 진흥시켜주는 역할을 했다.

*

얘기가 잠시 곁길로 샜다. 붓다가 당대의 민중어인 프라끄릿뜨 어로 이야기한 내용은 쁘라끄릿뜨 어의 일종인 빠알리 어로 결집되어 오늘날 빠알리 삼장으로 남아 있다. 이 빠알리 삼장의 내용은 대체로 이론이 아니라 붓다 자신의 진솔한 명상 체험에서 우러나온 생생한 이야기와 제자들과의 문답 내용으로 이루어져 있다고도 할 수 있다. 그러므로 상좌부 불교에서 가장 중요한 것은 명상이다. 이 책의 저자 아잔 브람도 다음과 같이 그 점을 강조하고 있다. "명상은 불교수행의 길에서 아주 근본적인 것이므로 당신은 다른 모든 것은 보조적인 요소로 간주할 수 있다. 계율도 그렇고 심지어 지혜도 보조적인 요소에 지나지 않는다."

*

불교에서 명상은 그토록 중요하다. 그러므로 불교는 이론이나 이데올로기의 종교가 아니라 철저히 실천의 종교다. 백 년 동안 절에 다니면서 법문을 듣는 것보다는 단 하루 조용한 방에 들어가 방석을 깔고 앉아 자기 내면을 들여다보는 게 더 나을 수도 있다는 얘기다. 그리고 조용히 눈을 감고 명상을 해보면 알게 된다. 이 세상의 모든 일이 다 내 안에서 일어나는 소식이라는 것을. 그래서 명상을 하다보면 철저히 내면으로 회향하게 된다. 명상을 하기 전에는 세상에 못마땅하고 마음에 들지 않는 것들이 차고 넘치는 것으로 보이지만 명상을 하다보면 그것이 죄다 내 업, 내 잣대에서 나온 것임을 알게 된다. 내가 그렇다고 했기 때문에 그런 것뿐이다. 그리고 아잔 브람이 책에서 누누이 이야기한 것처럼 내게 그렇게 고통스럽게 다가온 것들이 다 내가 "세상이 줄 수 없는 것을 달라고 요구했기 때문에 일어났다."는 것을 알게 된다.

＊

가끔 상좌부 불교와 관련된 책들을 읽다 보면 "조사해보라."는 말이 자주 나온다. 아잔 브람의 이 책에도 자주 나온다. 영어로 investigate로 쓰니 '조사한다'라고 번역해도 아무 하자가 없지만 형사가 수사하는 것도 아닌데 뭘 조사하라는 거냐고 생각할 수도 있을 것이다. 하지만 불교는 스스로가 명상을 통해 직접 조사해보고 탐구해서 이해할 것을 권한다. 그래야 스스로 어느 지점에서 걸려 있는 줄 알 수 있기 때문이다.

＊

붓다는 우리가 스스로 조사해보고 확인하고 이해해 우리에게 운명적으로 걸려 있는 고통의 거미줄에서 헤어 나와 완전히 해탈함으로써 진정으로 해방된 대 자유인이 되라고 끊임없이 권한다. 이치가 어려울 건 하나도 없다. 실천하는 게 어렵지. "옳은 일은 하고 나쁜 짓은 하지 말라."는 당연한 이야기는 세 살배기 아이도 알 만한 이야기지만 팔십 노인도 실천하기는 어렵다.

*

이 책의 저자인 아잔 브람은 세계적인 명성을 지닌 태국 숲 속 수행승 아잔 차의 영국 출신 제자다. 자신이 직접 명상하면서 생생하게 체험한 이야기들을 진솔하고도 유머러스하게 서술하고 있다. 그는 자신이 '아름다운 호흡'이라고 부른 것에서 시작해 니밋따, 네 가지 선정(색계 4선), 아룻빠(무색), 니로다(멸진)를 거쳐 닙바나(열반)에 이르는 전 과정을 비교적 소상히 서술하고 있고, 그런 과정들에서 갖가지 장애에 부딪쳐 더는 앞으로 나아갈 수 없는 상황들을 타개하는 법을 자신의 경험을 빌어 간곡하고도 진솔하게 이야기해주고 있다.

*

대체로 서구인들은 동양인들보다 더 논리적이고 합리적인 편이며 애매모호한 것을 도무지 용납하지 않으려 하는 경향이 있다. 아잔 브람도 영국 케임브리지대에서 이론물리학을 공부한 과학자 출신답게 합리적으로, 철저히 체험적으로 명상에 접근한다. 앞에서도 말했듯이 붓다의 가르침 자체가 원래 과학보다 더 자명한 진리를 다루고 있기 때문에 그렇기도 할 것이다. 그런 의미에서 이 책은 명상을 하기에 더없이 좋은 매뉴얼이 될 수 있다.

알다시피 우리나라에는 중국의 한문경전과 조사선을 중심으로 한 대승불교가 주류를 이루고 있었으나 지난 십여 년에 걸쳐 상좌부 불교와 위빠사나 명상이 급속도로 널리 퍼져나갔다. 뜻있는 이들이 빠알리 삼장을 번역해내고 전국 곳곳에 위빠사나 명상처가 많이 생겨났지만 아직도 많은 이에게 위빠사나 명상은 좀 생소하게 비칠 수도 있다. 대승은 보살행을 중심으로 한 이타적인 불교인데 반해 소승은 개인 구원 중심이라는 엉뚱한 이데올로기나 루머 같은 것 때문에 가벼운 것으로 비칠 수도 있다. 게다가 명상 방식도 나라마다, 사람마다 조금씩 차이가 있어 다소 혼돈을 안겨줄 소지가 있다. 일례로 같은 상좌부 불교라 해도 스리랑카와 미얀마와 태국의 수행방식이 다 다르고 같은 미얀마에서도 마하시와 쉐우민의 방식이 다르다. 위빠사나를 중시하는 쪽과 사마타를 중시하는 쪽이 다르다. 하지만 근본은 그리 크게 다르지 않으므로 그런 방식의 장단점을 따져 자기에게 잘 맞는 방식을 택하면 될 것이다. 이 책은 붓다처럼 숲 속에서 고적하게 수행하던 전통을 그대로 이어받으려고 애쓴 태국의 숲 속 수행 전통에서 나온 방식을 중심으로 서술한 책이니 참고로 하시기 바란다.

*

위빠사나 명상을 소개하는 책에서 가장 많이 나오는 단어는 '알아차림'이다. 빠알리 어로는 '사띠'고 영어로는 'mindfulness'고

한자로는 '念'이다. 알아차림이 그토록 중요한 이유는 이것이 바로 명상을 끝까지 밀어주는 핵심적인 요소가 되기 때문이다. 명상은 알아차림이 시종일관 이어지도록 하려는 노력이 중심을 이룬다. 알아차림을 통해 우리는 저절로 내면으로 회향하게 되고 모든 사물과 현상이 무상하고 본성이 비었으며 고통이라는 진실을 저절로 통찰하게 된다. 사띠를 '알아차림'으로 번역해야 옳으냐 '마음챙김'으로 번역해야 옳으냐를 두고 한동안 논쟁이 벌어지기도 했는데 나는 알아차림으로 통일했다. 그리고 본문에 나오는 다른 빠알리 어들의 경우에는 가급적 독자들이 가장 친근하게 접근할 수 있는 우리말(사실은 중국에서 들어온 한자어의 우리말 발음)로 옮겼으나 개념상 혼돈을 줄 여지가 있는 경우에는 원문발음 그대로 옮겼다. 능동적인 의지와 수동적인 의지를 다함께 내포하고 있는 'sankhāra'를 '의지'로 옮기지 않고 '상카라'라고 옮긴 경우가 대표적이다. 그리고 번역하다 보면 어떻게 번역해도 늘 기분이 개운치 않은 영어단어들이 몇 있는데 그 대표적인 단어들이 바로 'compassion'과 'practice'다. 전자는 불교의 자비(慈悲)에서 그 뒷글자인 '비'에 해당하는 말로 흔히 측은지심이라고도 한다. 이걸 액면 그대로 옮기면 '연민'이 되는데 붓다가 대단히 중요하게 여긴 이 말을 연민으로 옮기면 너무 가벼운 말 같아 영어 텍스트에서 'compassion'을 만날 때마다 늘 고심한다.

＊

일반적인 사례에서 쓴 'practice'는 옮길 때 별 문제가 없으나 불교수행과 관련된 내용에서 쓴 것을 옮길 때는 역시 고심이 된다. 훈련, 공부, 수련, 수행 등과 같은 대표적인 번역어들이 있는데 훈련은 꼭 군사훈련이나 체조훈련 같은 말들을 연상시키고, 공부는 그렇지 않아도 공부에 지친 젊은이들을 질겁하게 할 것 같아서 마뜩찮다. 수련은 꼭 기수련을 연상시키고, 수행은 너무 무겁고 고답적이다. 다른 이들은 어떨지 모르나 나는 그렇다. 하지만 나는 이 책에 나온 'practice'를 옮길 때는 과감하게 '훈련'과 '수행'이라는 말을 병행해서 썼다. 명상의 초보 단계를 서술하는 대목들에서는 나이브하게 느껴지는 '훈련'이라는 말을, 명상이 대단히 깊어져 본격적으로 진행되는 단계에서는 '수행'이라는 전문가적인 말을 썼으니 참고해주시기 바란다.

＊

이 책 곳곳에 나오는 빠알리 경전의 제목을 번역할 때는 대승불교에서 사용하는 한자식 제목들을 그대로 쓰지 않고 풀어 썼다. 《Therīgāthā》를 《장로니게長老尼偈》로 옮기지 않고 《깨달은 여승들의 게송 모음》으로 옮긴 경우가 한 예다. 아직 표준화되고 공식화된 용어들이 없는데다 '장로니게'라는 화석화된 한자식 용어들보다는 이편이 더 낫다고 여겨져 그렇게 했다. 앞으로 이런 용어들이 제대로 통일되어 정착되었으면 한다.

이 책에서 내게 가장 감명 깊게 다가오는 대목이 몇 가지 있는데 그중 하나는 명상을 테니스에 비유한 것이다. 아잔 브람은 우리가 포핸드, 백핸드를 몸에 익히기 위해서는 수천, 수만 번 같은 동작을 되풀이해야 하는 것처럼 명상도 역시 몸에 익혀야 하는 것이라고 말한다. 포핸드를 익히는 것과 알아차림이 계속 이어지도록 하는 습관을 들이는 것이 별반 다르지 않다는 뜻이다. 알고 보면 명상은 그토록 간단한 것이다.

우리가 요즘 유행하는 골프를 배우려면 얼마간의 시간과 꽤 많은 돈을 들여야 하고 경우에 따라서는 꽤 비싼 회원권도 있어야 하지만 명상하는 데는 시간은 좀 들어도 돈은 전혀 들지 않는다. 조용한 공간과 방석만 있으면 된다. 사실은 조용한 공간도 방석도 필요 없고 일상생활 자체가 다 명상공간, 명상시간이 될 수도 있다. 해 볼만 하지 않은가. 그 결실은 골프나 테니스의 결실과는 비교도 할 수 없으리만치 크고 가치 있는 것이니까.

모쪼록 이 자상하고 자애로운 책을 통해 명상을 해나가는 데 많은 진척이 있으셨으면 한다.

김훈